馬雅文化的國度 瓜地馬拉

憶昔膺任駐瓜顧問團長之思懷

林 恒 雄 著

文史哲出版社印行

國家圖書館出版品預行編目資料

馬雅文化的國度　瓜地馬拉：憶昔膺任駐瓜顧問團長之思懷 / 林恒雄著. -- 初版 --
臺北市：文史哲出版社, 民 113.07
面;　公分
ISBN 978-986-314-677-3（平裝）

755.2　　113007844

馬雅文化的國度　瓜地馬拉

憶昔膺任駐瓜顧問團長之思懷

著　者：林恒雄
出版者：文史哲出版社
http:// www.lapen.com.tw
e-mail：lapen@ms74.hinet.net
登記證字號：行政院新聞局版臺業字五三三七號
發行人：彭正雄
發行所：文史哲出版社
印刷者：文史哲出版社
臺北市羅斯福路一段七十二巷四號
郵政劃撥帳號：一六一八〇一七五
電話886-2-23511028・傳真886-2-23965656

定價新臺幣四〇〇元

二〇二四年（民一一三）七月初版

ISBN 978-986-314-677-3　　75501

自序

作者曾於一九八四年奉令赴瓜地馬拉工作一段時間，多年來十分關注中南美洲的情勢。這些年，隨著中華民國邦交國數字愈來愈少，而中華人民共和國在國際間的勢力則是越來越大，心有戚戚焉。迄至今日仍與我國保持「邦交」的只有十二個國家：

歐洲　教廷（梵蒂岡）

非洲　史瓦帝尼王國（原稱史瓦濟蘭）

大洋洲　馬紹爾群島、帛琉共和國、吐瓦魯國

中美洲　瓜地馬拉、貝里斯

南美洲　巴拉圭

加勒比海地區　海地、聖克里斯多福及尼維斯、聖露西亞、聖文森及格瑞那丁

瓜地馬拉是中美洲人口最多的國家，八十四年來與台灣保持邦交彌篤。本（二〇二四）年元月十四日瓜國總統當選人阿雷巴洛（Bernardo Arevalo）宣示，繼續維持瓜台邦誼，但他也希望改善和中國的關係。他指出「我們相信，同時與中華人民共和國及台灣建立良好關係是完全可行的。」他補充說，瓜地馬拉的私營領域有興趣擴大與中國的關係，而中國將瓜國視為在中美洲地區的主要貿易夥伴。第十一屆中華民國總統大選結束，美國拜登（Joe Biden）政府於元月十五日派遣資深跨黨派代表團訪台，成員包括美國前國家安全顧問哈德利（Stephen J. Hadley）和前副國務卿史坦伯格（James B. Steinberg），由美在台協會（AIT）主席羅森伯格（Laura Rosenberger）陪同。蔡總統接見時指出，美方充分展現美國對台灣民主的支持，凸顯台美緊密堅實的夥伴關係，未來台美將共同合作，因應各項全球性挑戰，成為區域及全球繁榮發展的重要動力。史坦柏格表示，美國長久以來的政策具有一貫性，台美是基於非正式但友好關係，堅持以和平方式解決兩岸議題，重視對話的重要性及避免任何單方面改變現狀的行為，相信此一政策對區域內所有人民都是有利。賴清德也表示，希望美國繼續支持台灣，深化台美在各領域的互利合作，聯合民主夥伴共同確保區域和平與繁榮。台美已簽署「台美二十一世紀貿易倡議」首批協定，這項倡議象徵台灣經貿制度符合國際高標準的重要里程碑，也期待台美之間雙重課稅問題可以早日獲得解決。

二〇二三年十月七日以色列（Israel，面積二二一四五平方公里，只有台灣的六成，人口九五〇萬人，首都耶路撒冷）和巴勒斯坦（Palestinian Territories，面積六二二〇平方公里，人口四九二萬三千人，首都東耶路撒冷）爆發戰爭，對全世界均有深遠影響。以巴戰爭對台灣的啟示是：「加強和談才能避免戰爭。」蔡英文總統去年國慶演講時表示，我們願以台灣民意共識為基礎，以對等尊嚴為前提，以民主對話為程序，以維持現狀為核心，與北京當局發展雙方可接受的互動基礎，以及和平共存之道。

講到國際政治地位，台灣尚不如巴勒斯坦，全世界有一三八個國家承認巴勒斯坦，可參加聯合國大會並可提案，有派駐聯合國的大使，但非正式會員國。《遠見》雜誌二〇二三年十月中發布「二〇二三兩岸和平調查」，其中認為兩岸應該增加互動的民眾，比率高達百分之七十四・四。即使兩岸關係依舊緊張，絕大多數台灣民眾還是不願放棄與對岸交流機會。台灣民眾考量的不只兩岸和平，藉由增加兩岸互動刺激經貿往來，進而緩解台灣景氣下滑疑慮，也是廣大台灣民眾的心聲。

《四書》〈中庸〉第二十章有這麼一段話：

「凡為天下國家有九經，曰：脩身也，尊賢也，親親也，敬大臣也，體群臣也，子庶民也，來百工也，柔遠人也，懷諸侯也。脩身，則道立；尊賢，則不惑；親親，則諸父昆弟不怨；敬大臣，則不眩；體群臣，則士之報禮重；子庶民，則百姓勸；來百工，則財用足；柔遠人，則四方歸之；懷諸侯，則天下畏之。」

此章乃孔子告知哀公（春秋時魯國第二十六任君主，約前五〇八年——前四六八年，名將，魯定公之子，在位二十七年）為政之道，在於取人修身，以及對社會、對國家應負的責任，亦即重視儒家的人生哲學。想要打仗的領導人，一定要捨得讓自己的子孫上戰場，不可以讓別人家的子弟去充砲灰而自己卻裝聾作啞。我們舉幾則實例，令人感動與啟示：一九〇四年二月六日至一九〇五年九月五日「日俄戰爭」，日本乃木希典大將，兩個兒子都在中國旅順二〇三高地血戰，身先士卒為國犧牲，有乃木這種氣勢，使日本贏得了勝利；一九三九年九月一日至一九四五年九月二日「二次世界大戰」，史達林的兒子被德軍所俘，他拒絕德國換俘提議，以致獨子被處死，死訊傳來，史達林說：「首先兒子是紅軍，其次是我兒子。」意指紅軍只能為國捐軀，官兵奮勇殺敵；另外一九五〇年六月二十五日至一九五三年七月二十七日「韓戰」爆發時，毛澤東的兒子被美軍炸死，他說：「誰叫他是我兒子？」解放軍在韓戰中能與美軍相抗衡，是有道理！領導者能「以身作則，帶頭示範」，讓國人「眾志成城」，誓死報效國家。

瓜地馬拉外交部長馬蒂內茲（Carlos Ramiro Martinez）於今年二月五日告訴《路透》，瓜地馬拉正考慮與中國建立正式貿易關係，但計畫維持與台灣的現行關係。他坦言瓜地馬拉不能忽視中國所代表的分量和力量。又說「我們有興趣與中國接觸，嘗試圍繞貿易發展關係。」並表示這可能會成為一個「貿易利益辦公室」，幫助瓜地馬拉產品找到中國市場。瓜地馬拉也是台灣僅剩的十二個邦交國之一。剛與元月就職瓜國總統的阿雷巴洛於去（二〇二三）年八月勝選後曾接受《路透》專訪，誓言要杜絕國內腐敗並與中國建立貿易關係。他當時指出「我們相信，同時與北京及台灣建立良好關係是完全可行的。」馬蒂內茲透露，外交部長吳釗燮今年元月十四日出席瓜國新任總統及副總統就職典禮期間，總統阿雷瓦洛主動向吳部長表示將信守維護台瓜邦誼，並樂願與我國持續加強合作，使台瓜雙邊友好關係更加茁壯。

瓜國不可能在國際上開啟雙重建交先例，畢竟大陸絕不會接受雙重承認，所以現階段以發展貿易關係的說法，可能是大陸操作建交前的手段？這是繼元月中旬諾魯宣佈與我國斷交後，再度出現的外交警訊，政府不可等閒視之，避免出現骨牌效應。未來新內閣，也應深思外交政策是否有必要改弦易轍，台灣沒有再丟掉邦交國的本錢。

從現實狀況來看兩岸關係，就地理環境而言，兩岸僅以百餘公里的海峽相隔，如此接近是無法改變的事實，更重要的是，雙方都是炎黃子孫，同文同種、同根同源，再加上婚嫁來台的陸配已近四十萬人，而台灣到大陸經商求學的台籍人士及家眷也超過百萬人；再就經濟而言，去年台灣從大陸賺取高達一千五百億美金的貿易順差，這些剪不斷的密切關係是不容否認。

台灣、美國和中國，對當前緊張局勢要負起共同責任，而其中台灣所面臨的風險最大，台灣的政治領袖更應積極採取必要的措施，掌握自己的命運，除加強自衛的威懾能力，還要「因勢利導」有益於自身和平，進而在區域性與全球性之和平上，扮演重要角色。持平而論，中國巨大的政治、經濟以及軍事等影響力是一個現實，我們更應把眼光放得更大，以超越兩岸關係脈絡的視角，用全世界的尺度來思考下一階段台灣的發展願景。國家的前途自不能依賴他國的承諾，國家韌性愈強，台灣的自主性便更能展現。盼望一個真正「以台灣的民意共識為基礎，以對等尊嚴為前題，以民主對話為程序，以維持現狀為核心」的台灣，終能與中國發展出雙方可接受的互動基礎，共同找出和平共存之道的契機！

針對賴清德總統五月二十日就職演說兩岸論述，大陸國台辦發言人陳斌華批評稱，頑固堅持「台獨」，大肆宣揚分裂謬論，煽動兩岸對立對抗，妄圖「倚外謀獨、以武謀獨」，破壞台海和平穩定的危險信號，充分暴露「台獨工作者」本性。身兼中共中央對台工作領導小組秘書長的中央外辦主任王毅特別回應，強調一個中國原則是維護台海和平定海神針，「台獨」分裂行徑構成對台海現狀最危險的改變，也是對台海和平最重大的破壞。美、英、日及南韓媒體均關注報導，有看法認為，比起前總統蔡英文的政策，賴清德「去脈絡化」、「去模糊化」，政策較為挑釁，這正是賴的「務實台獨論」。大打台灣主權戰，兩岸無政治互信，更缺少對話基礎，未來前景更堪憂！

本書之撰述，從動念到動筆，其動機想讓讀者在閱讀中瞭解瓜地馬拉況概，從而認知「台瓜邦誼」，以及台灣處在美中競逐下的「棋子」。盱衡世局，我們應認清思考如何調整自己，基本思維務實化，針對內外條件下，共同承擔自己的命運。

林恒雄　謹識於中和寓所

二〇二四年七月七日

馬雅文化的國度 瓜地馬拉 目 次

——憶昔膺任駐瓜顧問團長之思懷

瓜地馬拉國旗

作者於馬雅遺跡蒂卡爾聖地前留影

瓜地馬拉國鳥

瓜地馬拉現任總統阿雷巴洛(右)副總統艾蕾拉(左)

美印太司令帕帕羅（右）就職典禮，我參謀總長梅家樹（圖中標黃圈）應邀出席，彰顯台美兩軍交流密切。

（摘自美軍印太司令部官網）2024.5.3 於夏威夷

赴瓜國前夕同仁餐敘

作者(二排左三)、昭慶(一排左一)和上課學官合影

同仁住宿國防大學

作者於國防大學參加研討會，由國防部副部長阿魯布雷斯(左三)及陸大使(左四)主持。

作者參訪民事連

作者參觀「重建村」民眾自衛隊

作者體驗瓜國原住民飲食生活

國防部副部長阿魯布雷斯(右三)主持結訓典禮

作者參訪印地安人部落

作者與部落酋長夫婦合影

作者和西文老師 Maira Calota(右一)及家人合影

瓜地馬拉國寶樂器 marimba

瓜地馬拉世界小姐選拔

作者拜訪駐薩爾瓦多 羅友倫大使(左一)

團員和瓜國友人合影

陸以正大使賢伉儷(1996 年攝)

作者與陸以正大使夫婦(中)和大使館同仁合照

作者拜會軍區司令

作者與外交鬥士陸以正大使合影

我駐瓜國大使館全貌，環境幽美建築宏偉。

作者應邀參加家庭宴會

作者工作餘暇，游泳健身。

駐華武官伉儷蒞臨作者舍下敘舊（2003.5.15 攝）

台糖 2024 年 1 月舉辦說明會，宣傳我中美洲友邦瓜地馬拉高海拔的「安提瓜咖啡」。（引中國時報）

第一章 政爭不斷折損國家元氣

第一節 瓜地馬拉亙古歷史

瓜地馬拉（Guatemala）歷史源於公元前一八〇〇〇至一一〇〇〇年人類在此定居。哥倫布來到之前，與外界接觸不多的中美洲仍有文明不斷發展和繁榮。公元前二〇〇〇年至二二五〇年，馬雅文明在中美洲的瓜地馬拉所主導。

早期來到中美洲的人從事狩獵和採集。追溯到公元前六五〇〇年，在高地的基切和中美洲沿海海岸的發現，可以作為證明。

瓜地馬拉的前哥倫布時代，可分為前古典時期（從公元前二〇〇〇年到公元前二五〇年），古典時期（二五〇到公元九〇〇年）和後古典時期（九〇〇年到一五〇〇年）。從四世紀到十世紀，瓜地馬拉的佩滕低地地區是馬雅文化的中心。這個時期的特點是城市建設的擴大，獨立城邦的發展，並與其他中美洲文化的接觸，一直持續到公元九〇〇年，古典馬雅文明的崩潰。馬雅人放棄了許多中央低地的城市或在乾旱導致的饑荒死亡。十世紀末低地地區的馬雅文化消失後，在中央高地地區仍然存在。一五二四年西班牙人來到瓜地馬拉，摧毀了當地的馬雅文化，開始殖民瓜地馬拉。由於西班牙殖民者的消滅政策，幾乎所有馬雅書籍都遭銷毀殆盡，僅少數殘存至今。瓜地馬拉王國首先建都於安地瓜（Antigua），一七七三年大地震，始遷都至現今之瓜地馬拉城。一八二一年九月十五日瓜地馬拉等中美洲國家，宣佈脫離西班牙統治。一八二四年至一八三九年，瓜地馬拉為中美洲聯邦的一員，直到一八四〇年瓜地馬拉才完全獨立。一八四一年至一八七一年何塞・拉斐爾及卡雷拉・圖爾西奧斯及其之後的保守派人士組織瓜地馬拉政府。他們為保護自身利益，試圖保留殖民時期留下來的等級制度，而不重視國家經濟現代化。一八七一年胡斯托、魯菲諾、巴里奧斯、奧延的自由黨政權開始執政到一九四四年，國家才致力於經濟現代化。同時美國主導的聯合果品公司，收購瓜地馬拉大面積的咖啡和香蕉莊園，並介入瓜地馬拉的政治。

美國聯合果品公司（ＵＦＣ），從一九〇一年開始成為瓜地馬拉的主要力量。當時總統長期由曼努埃・埃斯特拉達・卡布雷拉和豪爾赫・烏維科將軍擔任。在二十世紀三十年代烏維科的獨裁統治時期，也鼓勵外國投資，尤其是對聯合果品公司擴大特殊照顧。

位於中美洲的瓜地馬拉，其名稱源自於納瓦特爾語（**náhuatl**）的 **Quauhtlemallan**，意思是充滿樹木的地方。也因為當地宜人的氣候，讓瓜地馬拉獲得了四季如春之國（**país de la eterna primavera**）的雅號。瓜地馬拉可說是馬雅文明的大重鎮，在國內遺留下了許多馬雅文明的遺跡，其中最著名的就是提卡爾（**Tikal**）金字塔。瓜地馬拉境內約五成的人口都是馬雅民族的後代，現今瓜國國內共存有二十四種原住民方言，即二十二種為馬雅方言，另外兩種為 **Garífuna** 和 **xinca**，是一個語言高度多元的國家。

當地人除了稱自己為 Quatemalteco/Quatemalteca（瓜地馬拉人），還聽到他們稱自己為 **chapín/chapina**，是什麼意思呢？這必須追溯到西班牙殖民時期。十五世紀時，西班牙流行穿一種類似高跟鞋的鞋子，因穿高跟鞋走在路上時，會有 **chap**、**chap** 的聲音，所以在瓜地馬拉的當地人稱這些西班牙人為 **chapín**。在獨立之後，這些出生在瓜地馬拉的西班牙人，繼續繼承了 **chapín** 的名稱。隨著時間的流逝，這樣的名稱不再是專屬於上流階層的人了。漸漸地，**chapín** 也成為瓜地馬拉人驕傲的稱呼。在瓜地馬拉，他們不論在用餐前、用餐途中或是吃完飯，都會說 Buen provecho（好好享用、請慢用）。

玉米在中美洲是不可或缺的食材，在瓜地馬拉則有許多由玉米做成的料理，像是玉米糊（atol）、烤玉米（elote loco）、玉米粽（tamal）等等。其中，對於瓜地馬拉人而言，不能缺少的就是玉米餅（tortilla），而且有各式各樣的顏色（黃色、粉色、黑色、綠色）。不論在早餐、午餐或是晚餐都會出現，可說是如同白米在我們生活中一樣的重要。平常在街頭上也能時常看到路邊小攤販或是店家（tortillería）在賣玉米餅。玉米餅一般會搭配鹹豆泥（frijol）一起吃，或是會用來沾湯汁。除此之外，還有多種不同的吃法，例如包菜、包肉、包飯或是拿去炸都可以。玉米餅可說是適合填飽肚子的食物。

瓜地馬拉國旗上，有著一隻美麗迷人的綠色鳥兒，它的意義更是有力回應過往的殖民與屠殺的歷史。綠色鳥兒的名字叫做魁查爾（Quetzal），是真實存在於熱帶雨林的鳥兒，而在數個世紀以前，被馬雅人及阿茲特克人崇拜，有著不凡的傳說，對於瓜地馬拉人而言，Quetzal 仍是「不自由，毋寧死」的有力象徵。學名為壯麗咬鵑（Splendid Trogan）的 Quetzal，鳥如其名，有著相當繽紛亮麗的羽毛。牠們大多數居住在中美洲綿延起伏的山林，在雨林裡，牠們食用各種昆蟲，蜥蜴，還有其他小型生物維生。閃耀的 Quetzal，有圓滾滾的綠色身軀，鮮紅色的腹部，牠們的羽毛，依光線照射的角度，呈現多樣的顏色，從綠色到鈷藍色，再從青檸綠色到黃色等，如彩虹般繽紛的色澤。雄性 Quetzal 頭頂上有著像是頭盔的頭冠，綠得如樹葉，相當搶眼，在美觀的同時也讓牠們能輕易融入雨林的色調，偽裝自己，躲避危險。當求偶的季節到來，雄性 Quetzal 為了吸引異性的目光，還會從頭頂長出將近一公尺相當美麗而又特殊的羽毛。數個世紀以來，Quetzal 在中美洲原住民族人的生活中佔有一席之地。牠們的綠色羽毛，被認為珍奇貴重，古老的馬雅人用來製作王冠，只有最重要的人物，可以有特權，將王冠戴在頭上，羽毛甚至曾經作為貨幣使用。

馬雅人及阿茲特克人也崇拜 Quetzal，與風神 Quetzalcoatl（羽蛇神）信仰有極深的淵源，Quetzal 鳥尾上的長綠羽毛，被認為是鳥類從爬蟲類演變而來，代表鳥與蛇之間的關聯，也象徵天堂跟地球的連結，在馬雅帝國的語言中，Quetzal 的字義，即含有「神聖」的意涵。根據馬雅傳說，當西班牙殖民者入侵時，馬雅帝國最後一位王子 Tecún Umán，曾經擁有一隻 Quetzal，作為他靈性的指引。當王子過世時，這隻具有靈性的 Quetzal 俯衝下來，落在他滲著鮮血的大體上，留下了一根如血般鮮紅的鳥羽在王子胸口。原本 Quetzal 有很動人嘹亮的歌聲，但自從家園被西班牙殖民，就噤聲不唱，當地人認為，牠們只有在生長的土地重獲自由時，才願意放聲高歌。意味著 Quetzal 寧願死於飢餓，也不願意活得像個囚犯的傲骨，讓牠成為中美洲人所嚮往自由的最佳代言。

第二節　瓜地馬拉革命（一九四四年——一九五四年）

瓜地馬拉革命（Revolución de Guatemala）是瓜地馬拉歷史中的一段時期，起於一九四四年獨裁者豪爾赫．烏維科遭群眾起義推翻，迄於美國策劃的一九五四年瓜地馬拉政變，導致總統哈科沃．阿本斯下台。眾稱此時期為「十年之春」（Diez años de primavera），為瓜地馬拉自一九三〇年至一九九六年內戰結束之間，多年來少數有施行代議民主制的歲月，而這段時間裡實施的土地改革計劃，更是對拉丁美洲影響深遠。

從十九世紀末到一九四四年，瓜地馬拉由一系列的威權統治者治理，他們透過支持咖啡外銷來強化瓜地馬拉經濟。一八九八年至一九二〇年間，曼努埃爾．何塞．埃斯特拉達．卡夫雷拉總統，給予專門貿易熱帶水果的美國公司聯合果品諸多特權，該公司剝奪了許多原住民的公共土地。在一九三一年至一九四四年豪爾赫．烏維科任內，情勢變本加厲，不僅勞動條件更加惡化，更往「警察國家」發展。

一九四四年六月，一場由大學生與勞工團體主導的爭取民主群眾運動，迫使烏維科下台。下台前他指派組成以費德里科．龐塞．瓦爾德斯為首的三人軍政府取代自己原本的位置。該軍政府延續烏維科的高壓政策，不過一九四四年軍政府被阿本斯領導的軍事政變推翻，該政變在當地又名「十月革命」。政變要角雖也組成軍政府，但旋即開放公開選舉。由進步派哲學教授胡安・何塞・阿雷瓦洛取得壓倒性勝選。阿雷瓦洛施行較溫和的社會改革，包括成功地提升識字率以減少文盲的掃盲計劃，以及改良大型自由選舉程序，儘管不識字的女性仍無投票權且共產黨仍被禁止。

阿雷瓦洛任期於一九五一年結束後，阿本斯也以雪崩式勝利贏得大選。他延續了阿雷瓦洛的改革，並著手進行更大膽的土地改革，稱之為九〇〇政策（英語 Decree 900）。政策內容即為大地主未耕作的土地，將被沒收並分配給貧苦農民，而地主會拿到一些補償。此政令估計約惠及五十萬人，受惠者大多為西班牙入侵後，祖先被剝奪土地的原住民。阿本斯的政策與聯合果品公司產生嚴重衝突，後者損失不少未耕作的土地。聯合果品公司遂向美國政府進行遊說，意圖推翻阿本斯政權，而美國國務院則藉口阿本斯為共產黨員，推動政變回應聯合果品的遊說。卡洛斯・卡斯蒂略・阿馬斯掌權成為軍政府首腦，引發瓜地馬拉內戰。從一九六〇年持續到一九九六年，期間美國支持的軍方對馬雅原住民進行種族滅絕（英語 Guatemalan genocide）並廣泛地侵害平民人權，建立了獨裁政府。

在一五二四年西班牙入侵之前，瓜地馬拉的人口主要由馬雅人構成。西班牙征服此地後帶來一套由富有的歐洲地主監管奴隸與不自由勞動者的經濟系統。然而，十九世紀末前瓜地馬拉原住民仍高度保有其公共土地。十九世紀末，全球對咖啡的需求大增，出口逐漸成為瓜地馬拉政府的重要收入來源。於是，國家通過可奪取印地安人土地的法令、鬆綁勞動法規，讓種植園可以使用強迫勞動的勞工，全力支持咖啡栽種產業。以美國為根基的聯合果品公司，就是收購了大量瓜地馬拉國家土地與原住民土地之眾多外國公司的其中一家。卡夫雷拉總統在一八九八年至一九二〇年間允許鄉村地區進行有限的工會化，但也同時對聯合果品公司作出更多讓步。一九二二年，共產黨成立，獲得都市勞工不少支持，但對鄉村地區與原住民族群幾乎沒有影響力。一九二九年，受到蕭條影響，經濟崩潰，失業率飆升，導致工人與勞動者浮動不安。基於害怕革命可能爆發，持有土地的精英們紛紛支持烏維科，他在省長任內以又殘暴又有效率而聞名。一九三一年烏維科贏得選舉，不過該次選舉只有他一位候選人獨立參選。

烏維科競選總統時發表聲明表示自己支持勞工運動，當選後卻快速轉向威權政策立場。他廢除原有的勞動負債擔保制度，並以流浪法代之，要求所有無土地的工作及齡男子做一百天的粗活。國家還要印地安人無償勞動建設公路、鐵路等基礎設施。烏維科還把工資凍結很低，通過法律讓地主可以用任何手段保護其財產而完全不用被起訴，演變成歷史學家所描述的謀殺合法化。烏維科大幅強化警力，成為當時拉丁美洲最殘暴而有「效率」的警察。被賦予的警察有更大的權限，可以肆意射殺或囚禁任何疑似違反勞動法規的民眾。結果導致農民對烏維科強烈反感。他高度蔑視原住民，曾一度稱原住民跟驢子差不多。烏維科對歐洲的法西斯主義領導者，如佛朗哥、墨索里尼等充滿憧憬。不過他不像歐洲的法西斯主義者視美國為敵，反而把美國視為對抗假想敵墨西哥共產黨的盟友。一九四一年美國對德、日宣戰，烏維科隨即按美國指示逮捕瓜地馬拉境內的德裔人士，藉此爭取美國支持。他允許美國在國內設立一處空軍基地來保護巴拿馬運河。烏維科也像他的前幾任總統一樣，給予聯合果品公司諸多特權，授予聯合果品公司二十萬公頃（四十九萬英畝）的公有地，換取果品公司建設港口的承諾，但後來又以經濟危機為由，免除果品公司建設港口的契約。自從果品公司進入瓜地馬拉以來，就一直用迫遷農民的方式來擴張自己的土地所有權，把農民的農地改造成香蕉種植園。整個過程在烏維科統治下加速進行，而烏維科政權根本沒有採取任何措施阻止果品公司。

・**佛朗哥**（Dictadura de Francisco Franco，一八九二年十二月四日——一九七五年十一月二十日）出生於西班牙（Estado Español）的軍人世家，青少年時代即在軍中。

一九三六年軍隊發生叛變反政府，他是主要參與者之一。西班牙內戰爆發不久，成為國民軍大元帥，並於一九三九年贏得內戰勝利統一全國，成立獨裁政權，以法西斯主義統治西班牙直到他在一九七五年逝世，這段時間稱為「佛朗哥時期」。不過第二次世界大戰期間，他使西班牙保持中立，不與意識形態相近的德國與義大利結成軍事同盟（軸心國），但他仍於一九三九年簽訂了德國和日本的反共協定，爭取在同盟國與軸心國之間的游離利益，使內戰後殘破不堪的西班牙免於再度遭到戰火波及。二次大戰後，他因此被歐洲各國孤立，但因堅定的反共立場而與美國保持親密的盟友關係。一九四七年，他自任高地酋，且一直堅定的實行經濟自由化，使西班牙受益於西歐的復興，跟著成長為工業化的中等已開發國家。一九七五年逝世後，胡安‧卡洛斯一世（佛朗哥指定原王室繼承人胡安親王的兒子為他的接班人）登上王位，實行民主改革，西班牙結束長達四十年的獨裁統治。佛朗哥統治期間，以靈活的外交方式，贏得了國家的和平與穩定，並且在二戰之後使國家能夠迅速發展及經濟繁榮。但是他也以其法西斯式的獨裁統治，嚴酷打擊異己，特別是親共產主義或社會主義人士，防止西班牙成為共產主義國家。

‧**墨索里尼**（Benito Amilcare Andrea Mussolini，一八八三年七月二十九日——一九四五年四月二十八日），義大利國家法西斯黨黨魁、法西斯獨裁者，二次世界大戰的元兇之一，法西斯主義的創始人。早年為新聞記者、社會黨黨員。一次世界大戰爆發後，因鼓動義大利參戰被社會黨開除。一九一五年入伍，一九一九年組織法西斯戰鬥團，一九二一年改稱國家法西斯黨，成為該黨領袖。一九二二年十月指揮軍事組織黑衫軍進軍羅馬，發動暴亂奪取政權，任義大利總理。一九二八年強行終止議會制度，建立法西斯獨裁統治。對內取締其他一切政黨和群眾團體；對外煽動民族沙文主義，推行軍國主義侵略擴張政策。一九三五年十月派兵入侵埃塞俄比亞，一九三六年五月宣佈併入義大利。七月夥同德國武裝干涉西班牙內戰。十月與德國結成柏林——羅馬軸心。一九三九年四月侵佔阿爾巴尼亞。一九四〇年五月任戰時統帥部最高統帥。六月十日對英、法宣戰，出兵法國南部，並向索馬里蘭、肯尼亞、蘇丹和埃及發動進攻，企圖建立地中海帝國。十月派兵入侵希臘。一九四一年四月出兵配合德軍進攻南斯拉夫。六月二十二日對蘇宣戰並派兵配合德軍進攻。

一九四三年七月二十五日，由於軍事上失利和國內反法西斯運動高漲被撤職，監禁在阿布魯齊山大薩索峯頂。九月被德軍傘兵救出後，在義大利北部薩洛出任「義大利社會共和國」傀儡政府總理。一九四五年四月二十七日在逃往德國途中為義大利游擊隊捕獲，四月二十八日槍決，曝屍米蘭廣場示眾。

第三節　瓜地馬拉政變（一九五四年六月——一九五四年七月）

美國決定在一九五四年推翻阿本斯政權，不只是因為果品公司的遊說。瓜地馬拉革命期間，中美洲出現不少軍事政變並帶來堅定的反共政權。一九五〇年陸軍少校奧斯卡・奧索里奧當選薩爾瓦多總統，一九五二年獨裁者富爾亨西奧・巴蒂斯塔掌握古巴大權。果品公司在宏都拉斯也持有大筆土地，宏國自一九三二年以來都是由親美反共的政權治理。這些發展讓阿本斯政權與鄰國政權關係更加惡化，緊張情勢比當初阿雷瓦洛支持加勒比聯盟，可說有過之而無不及。美國新成立的中央情報局對此也憂心忡忡。據美國歷史學家李察伊瑪曼表述，在冷戰初期，美國與中央情報局採取非黑即白的反共觀點。是故，即便阿雷瓦洛查禁共產黨，美國政府還是先入為主地認定革命派政府，已遭共產黨滲透，將對美國構成危險。瓜地馬拉革命期間，流傳在美國政府的各種報告與備忘錄，更加鞏固了前述觀點。

杜魯門總統時期，雖然美國政府深信瓜地馬拉政府已經被共產黨滲透，但至少到杜魯門任期結束之前，美方僅採取外交與經濟手段，抑制共產黨的影響。一九四四年美斷絕軍售瓜地馬拉，一九五一年更封鎖其他國家販售武器給瓜地馬拉。一九五二年杜魯門認為阿本斯政權已經到了不得不被推翻的地步，始著手草擬代號 PBFORTUNE 行動的顛覆計劃。該計劃原型最早由索摩查提出，他聲稱只要給他足夠的武器，他就有辦法推翻阿本斯政權。杜魯門於是決行該計劃，並責成中央情報局執行之，計劃內容完全沒有知會美國國務院。中央情報局得令後開始籌備事宜，將一艘果品公司的船隻裝滿武器、取得右翼反共獨裁者特魯希略和希門內斯的資金贊助，並找來卡洛斯・卡斯蒂略・阿馬斯統率準備入侵瓜地馬拉的軍隊。然而就在萬事具備時，國務院發現了這份陰謀計劃，時任國務卿的迪安・艾奇遜，以事跡敗露及干涉他國內政，不利國家形象為由，力諫總統杜魯門，這才使美方放棄此項行動。

一九五二年十一月，艾森豪總統在競選中承諾更強硬的反共政策，在其內閣中，國務卿及中央情報主任的位子由與果品公司過從甚密的杜勒斯兄弟檔約翰・福斯特・杜勒斯與艾倫・杜勒斯分別出任。在前述雙重因素作用下，美方推翻阿本斯的動機比以往更加強烈，內部阻力也更小了。於是推翻阿本斯政權的想法又在美國政府死灰復燃，一九五三年八月艾森豪授權中央情報局執行代號 PBSUCCESS 行動計劃。動用了約二百七十萬美元做「心理戰與政治行動」。總預算估計則在五百萬美元至七百萬美元，整個計劃動員至少一百名中央情報局探員。行動的計劃內含一份暗殺名單，打算透過暗殺瓜地馬拉政府的要員，使政變順利進行。中央情報局還彙編了一本記載各種暗殺要領的「暗殺手冊」，另外整理了一份軍政府該對付的人物清單。中央情報局在考量過含伊迪戈拉斯・富恩特斯在內的幾位人選後，決定由卡洛斯・卡斯蒂略・阿馬斯來領導政變。同時，美國國務院也展開外交活動，誤導其他國家，營造瓜地馬拉政府與共產黨、蘇俄關係良好的形象，避免其他國家對瓜地馬拉政府產生同情。到了一九五四年阿本斯已經因為武器不足而憂心如焚，決定從捷克、斯洛伐克秘密進口武器。中央情報局視瓜國此舉為最後一根稻草，決定立刻發動政變行動。

一九五四年六月十八日，卡洛斯・卡斯蒂略・阿馬斯率領載有四八〇人的車隊穿越宏都拉斯進入瓜地馬拉。中央情報局提供了這些人武器，並在尼加拉瓜與宏都拉斯的軍營中將他們訓練成一支軍隊。基於行動的倉促，導致招兵買馬的時間不足，這支軍隊在數量上還遠不及瓜地馬拉陸軍，因此，中央情報局要求卡斯蒂略・阿馬斯的軍隊，先駐紮在邊境，不直接發動地面進攻，而先對民眾與政府發動心理戰，使他們以為卡斯蒂略・阿馬斯的勝利是木已成舟的既定事實。心理戰包含讓教士佈道時順便進行反共宣傳、以中央情報局的飛機掃射數個城鎮、海上封鎖等。還派出飛機在各地到處散放傳單、放送名為「自由之聲」（The Voice of Liberation）的無線電廣播頻道，宣稱卡斯蒂略·阿馬斯將在短期內解放全國。

卡斯蒂略·阿馬斯本來想突襲薩卡帕並攻打巴里奧斯港，但在進軍過程中遭到瓜地馬拉陸軍擊退。中央情報局的宣傳戰則還比地面進攻來得有成效，一名瓜地馬拉飛行員因此而變節，導致阿本斯擔心空軍大規模叛變而禁止飛機起飛。中央情報局取得空優後，派出美國飛行員駕駛的飛機轟炸城鎮，製造更強烈的心理效果。中情局本來為了減少美國介入的蹤跡，使用老舊的二次大戰飛機，但不久就發現這些飛機不適合轟炸任務，復向艾森豪申請增添新型飛機，並在艾森豪和杜勒斯與助理國務卿亨利·何蘭一番激辯後得到核准。遭到空襲轟炸後，瓜地馬拉向聯合國申請調查，但遭美國在安理會說此為瓜國內部事務而投下否決票，聯合國於是對瓜國處境袖手旁觀。六月二十五日，中情局的飛機轟炸瓜地馬拉城，摧毀瓜國政府的油料庫。阿本斯聞訊，情急之下，下令軍方配給武器給當地農民、工人。軍方於是抗命，還反過來要求阿本斯要不就辭職，不然就與卡斯蒂略·阿馬斯談判投降。

阿本斯自知若瓜國陸軍不支持，主戰也是毫無意義，只好在一九五四年六月二十七日辭職，將大權交予心腹狄亞茲·德里昂中校。一九五四年七月七日，美國大使約翰

・普里伏在薩爾瓦多主持仲裁，幾天後，卡洛斯・卡斯蒂略・阿馬斯進入軍政府並成為臨時總統。七月十三日，美國承認新的瓜地馬拉軍政府。兩個多月後，十月瓜國舉行選舉，所有政黨都禁止參選，參選人只有阿馬斯一人。毫無意外地，他取得百分之九十九的選票勝選。他當選後，瓜國施行當初在薩爾瓦多仲裁時擬好的憲法，新憲法取消革命時期的所有改革。

阿馬斯取得政權後，數以百計的農民領袖遭到圍捕並被處決。歷史學家葛雷格・葛蘭丁稱：「今日的學界及瓜地馬拉知識份子之間已有共識，一九五四年的變局意味著西半球最壓抑國家的起點，這個國家要為二十萬百姓所遭受的凌虐與屠戮負責」。繼軍事獨裁復辟後，鄉村地區爆發一系列左派叛變，這些叛亂很大程度上得到民眾支持，進而引爆了至一九九六年方休的瓜地馬拉內戰。這些叛亂活動團體中最具聲勢的是瓜國貧民軍（Guerrilla Army of the Poor），該組織全盛時期有二十七萬名成員，綿延三十六年的內戰導致二十萬民眾葬身戰火之中，人權狀況嚴重倒退，大量民眾遭到屠殺、強暴，空襲與被消失的情形更是屢見不鮮。歷史學家估計，這段期間約有百分之九十三的反人權案件是由美國所支持軍方犯下，此中包含一九八〇年代的馬雅人種族屠殺。

第四節　瓜地馬拉內戰（一九六〇年——一九九六年）

瓜地馬拉內戰（Guatemala Civil War），是瓜地馬拉歷史上時間最長、傷亡最多的內戰，自一九六〇年十一月十三日至一九九六年十二月二十九日，歷時三十六年。

參戰方：瓜地馬拉全國革命聯盟及瓜地馬拉政府。

結果：停戰。

參戰兵力：全國革命聯盟六千人（一九八二）。瓜地馬拉政府五一六〇〇人正規軍（一九八五），五十萬人準軍事部隊（一九八五）。

傷亡情況：死亡失蹤約十四萬－二十萬人。

主要指揮官：Rolando Morán 米蓋爾・伊迪戈拉斯・富恩特斯。

戰爭背景：一九五四年，哈科沃・阿本斯・古斯曼（Guzmán）被推翻，卡洛斯・卡斯蒂略・阿馬斯（Armas）成為獨裁者。新政府立刻將所有的改革都作廢。一九五七年阿馬斯被刺，他的繼承人路易斯・阿圖羅・岡薩雷斯・洛佩斯（López）是一個在四十年代獨裁政府中就已經以其血腥出名的軍人。不滿的農民組織了「瓜地馬拉全國革命聯盟」（由窮人游擊隊、人民武裝革命組織和武裝起義力量等聯合組成），這場游擊戰持續了三十六年。

談判：一九九一年四月，雙方開始進行和平談判。一九九四年，達成框架協定、人權協定和安置分散居民協定，但未能就最終和平協定達成一致。一九九六年十二月二十九日，瓜地馬拉政府與游擊組織全國革命聯盟簽署《永久和平協定》，宣告最終結束在這個中美洲國家長達三十六之久的內戰。十二月二十九日下午五時，簽字儀式在總統府院內進行。外交部長斯特因宣讀《永久和平協定》後，政府和平委員會四位代表與全國革命聯盟四位代表，分別在協定文本上簽字。隨後，聯合國加利秘書長也在協定文本上簽字。政府和平委員會代表和游擊隊代表，分別發表簡短講話，對和平談判取得的成果感到滿意，同時表示要嚴格履行這一具有歷史意義的協定，為重建瓜地馬拉而努力。

加利秘書長在講話中認為，簽署永久和平協定是衝突雙方以及國際社會長期共同努力的成果。他還讚揚了國際社會、特別是促進和平進程友好國家集團（哥倫比亞、美國、墨西哥、挪威、西班牙和委內瑞拉）為瓜地馬拉和平作出的努力和貢獻。

瓜地馬拉永久和平協定主要內容包括雙方幾年來在人權、印第安人權利和地位、社會經濟與土地問題、游擊隊員重返社會、修改憲法和選舉法等方面，達成的十一個與實現和平有關的協定。在簽字儀式上，雙方還公布了他們最後達成的落實永久和平協定日程表。根據這一日程表，二〇〇〇年全部落實上述協定。

戰爭結果：在這場戰爭中十四萬人喪身，上百萬人流離失所。瓜政府軍隊對當地馬雅人的迫害近似種族滅絕，僅一九八二年九月就有九千人馬雅人被殺。從一九八三年開始瓜政府方面的迫害逐漸減緩，國家重新實施民主化，一九八五年組織大選。二〇〇三年正式組成。但國家人民貧富不均的現象，依然未能解決，即百分之一的居民擁有百分之六十以上的可耕地和財富，未落實兌現。

瓜地馬拉全國革命聯盟（Guatemalan National Revolutionary Unity），瓜地馬拉左翼政黨之一，曾與政府展開數十年的武裝鬥爭，史稱「瓜地馬拉內戰」。一九九四年與政府停火，內戰結束。革命聯盟一九八二年元月成立，主張通過開展武裝鬥爭建立革命政權，一度擁有五千人的武裝力量，游擊活動幾乎遍及全國。一九五四年古斯曼被推翻，阿馬斯成為獨裁者。一九九五年雙方通過簽署一份和平條約，正式結束內戰。一九九八年成為合法政黨，主張民主、公正和人權，現有黨員三萬人。

瓜地馬拉種族屠殺（Genocidio guatemalteco）又稱馬雅種族屠殺（Genocidio maya）、沈默的大屠殺（Holocasto silencioso），為瓜地馬拉內戰期間土生白人的軍政府對馬雅人的大屠殺，自一九六五年起軍政府一貫的政策即是大量屠殺、虐待與草率處決左翼游擊隊成員，且美國官員對此知情，曾發表報告討論瓜地馬拉軍政府以屠殺上千人作為維繫恐怖統治的手段。人權觀察指這些屠殺「異常地殘忍」，且多為針對非武裝的平民。

種族屠殺在瓜地馬拉北部弱者游擊隊（ＥＧＰ）活躍的地區尤為嚴重，瓜地馬拉軍隊將當地馬雅農民均視為游擊隊的支持者，並對其展開大規模屠殺。殺害平民的案件自內戰爆發起即持續發生，但一九七五年起軍隊開始全面屠殺行動，並於一九八〇年代初期達到高峰，內戰期間軍方至少發動了六二六起屠殺，一九八一年至一九八三年間即摧毀四四〇座馬雅村莊，有些市鎮中有多達三分之一的村莊被毀，一九八五年的一份研究報告指出，有超過二十萬名兒童失去了至少一名雙親，且一九八〇年至一九八五年間有四萬五千至六萬人遇害。據統計，有約二十萬人在瓜地馬拉種族屠殺中遇害，包括至少四萬名下落不明者，其中百分之九十三為被政府軍隊殺害。聯合國資助的歷史澄清委員會（ＣＥＨ）調查共四萬二千二百七十五起遇害或失蹤案件，其中有百分之八十三遇害者為馬雅人，一九九九年ＣＥＨ調查結論指出瓜地馬拉軍隊犯下種族屠殺，且美國對其提供軍事訓練，對衝突中的人權侵犯有嚴重影響，但美國對屠殺不負有直接責任。一九八二年至一九八三年任瓜地馬拉總統的埃弗拉因・里奧斯・蒙特（Montt）被控犯下戰爭罪，二〇一三年被判有罪，為首次有總統被判在本國犯下種族屠殺罪，但此判決隨後被推翻，至其於二〇一八年逝世為止仍未能終審宣判，法院只得終結訴訟。

蒙特總統（一九二六年六月十六日——二〇一八年四月一日），擔任第二十六任瓜地馬拉總統（一九八二年三月二十三日——一九八三年八月八日）。他在一九四六年以軍校生開啟了軍旅生涯。一九八二年三月二十三日，當時擔任軍方將領的李歐斯・蒙特通過政變獲得政權。然而，他在一九八三年八月八日一場由他的國防部長奧斯卡・翁貝托・梅希亞・比克托雷斯（Mejía）所發動的政變中被推翻而下台。二〇〇三年，他代表瓜地馬拉共和陣線（FRG）角逐總統大選落敗。二〇〇七年，蒙特以國會議員職務再任政治公職，並因此獲得刑事起訴豁免，包括一場長期進行的戰爭罪訴訟，蒙特和他的內閣成員被指控在總統任內犯下了戰爭罪。二〇一二年元月十四日，當他的議員任期結束後，起訴豁免也因此終結。

二〇一二年元月二十六日，蒙特在本國法庭上被正式指控犯有群體滅絕和反人類罪。二〇一三年五月九日，八十六歲的蒙特被判兩罪成立，分別判處五十年、三十年，合計八十年徒刑。在瓜地馬拉三十六年內戰動盪期間，各方勢力交戰，導致至少二十五萬人因內戰喪生。兩個月的審判期間，近百名受害者出庭作證，檢察官指控，蒙特在內戰期間，犯下血腥的種族屠殺和反人類的戰爭罪行。尤其，蒙特在總統任內（一九八二年三月二十三日至一九八三年八月八日），為了剷除叛軍，被指控派兵屠殺基切省內可能協助叛軍的伊西爾（Ixil）馬雅原住民，蒙特被指控放任軍方犯下強姦、凌虐、酷刑、縱火等惡行，且對屠殺視而不見。蒙特在法庭上為自己辯護，認為自己是無辜的，因為「並不知道軍隊犯下大屠殺的情形」、「從未下令群體滅絕」、「對戰場上發生的事沒有控制權」；但法官巴李歐斯在法庭上表示「蒙特知悉每件發生的事情，但他沒有制止，儘管蒙特擁有這樣的權力來阻止它」。在判決後，蒙特被勒令入獄，但他表示將提起上訴。

國際特赦組織讚許這項判決，是近數十年來最具正義代表性的審判。一九九二年諾貝爾和平獎得主、瓜地馬拉籍原住民女性里戈韋塔．門楚在法庭聆聽判決後表示：「這場屠殺在多年以來，一直被認為是謊言，但今天法庭判定它是真的。」法官還要求政府行政部門向國會提交法案，宣布以三月二十三日作為全國的「反對種族滅絕日」，並建立博物館、紀念碑，以資紀念受害者。

第五節　西班牙美洲殖民地

西班牙美洲殖民地（西屬美洲）是指從十五世紀末到十九世紀，西班牙在美洲擁有的殖民地的統稱。從一四九二年哥倫布登陸美洲開始的三個世紀裡，西班牙在美洲大陸和加勒比海地區，就不斷地進行著征服和殖民，先後佔領了大部分加勒比海島嶼（西印度群島）、墨西哥、南美大部分地區、中美洲地區、北美西部太平洋沿岸（直達阿拉斯加）和北美中部內陸。在十九世紀初期，西屬美洲陸續爆發了拉丁美洲獨立戰爭，西班牙因此丟失了在美洲大陸的殖民地。一八九八年西班牙在美西戰爭中的失利，更使其丟失了加勒比海上的古巴和波多黎各等地，並最終結束了在美洲的殖民統治。那些由原西班牙殖民地轉化而成的新國家，基本上都繼承西班牙的語言和宗教，並成為現在拉丁美洲的一部分（拉美還包括有巴西等原葡屬地區）。

從一四九二年哥倫布踏上新大陸開始，西班牙就陸續在加勒比海和美洲沿岸設立據點並向內陸推進。當西班牙人發現落後的新大陸文明根本無力抵抗歐洲人後，軍事征服一直伴隨著探險活動。一五一九年西班牙人建立了哈瓦那並控制了加勒比海最大的島嶼古巴島，同年登陸墨西哥，建立韋拉克魯斯，此後西班牙殖民者科爾蒂斯，帶兵深入內陸並於一五二一年征服了阿茲特克帝國。同是在一五一九年，西班牙人在巴拿馬海峽南岸建立巴拿馬城，開始侵入南美太平洋沿岸地區。一五三三年印加帝國被皮薩羅征服，兩年後西班牙人在秘魯建立利馬城並以此作為逐步控制南美其他地區的基地。一五三四至一五三五年，西班牙北上探索了北美西岸地區並將之命名為加利福尼，開始逐步深入北美內陸。

在西班牙統治的幾個世紀裡，西屬美洲的原住民不斷遭到西班牙殖民者的驅趕和屠殺。同時，西班牙人從歐洲帶來的病菌又多次引起瘟疫，使得原住民的人口大為減少。西班牙人為了開發新大陸的資源（貴金屬、蔗糖、棉花、菸草、咖啡、可可、染料等），又不得不從非洲引進大量的黑人奴隸來從事種植和開採，從而促成了興盛一時的奴隸貿易。和英國殖民地不同，西班牙並不發展殖民地的加工業而只把其作為原料產地加以掠奪，所有西屬美洲的特產和資源都會通過船隻（西班牙珍寶船隊）運回本土。這也造成了後來從西班牙殖民地獨立出來的國家都是較落後的農業國，這和獨立自英國的美國形成鮮明對比。

一九三五年起，西班牙為了統治西屬美洲，先後建立四個總督區：

・**新西班牙總督轄區**——首府墨西哥城，一五三五年設立，管轄新西班牙（今墨西哥）、中美洲及加勒比海諸島、菲律賓等地。

・**秘魯總督轄區**——首府利馬，一五四二年設立，管轄整個西屬南美，十八世紀西班牙在南美又設立兩個新總督區後，轄地相應縮小。

・**新格拉納達總督轄區**——哥倫比亞首府波哥大，一七一八年設立，管轄今哥倫比亞、巴拿馬、委內瑞拉及厄瓜多地區。

・**拉布拉他總督轄區**——阿根廷首府布宜諾斯艾利斯，一七七六年設立，管轄今阿根廷、烏拉圭、巴拉圭及玻利維亞等地。

此外，有的總督區下設置有都督府。在南美洲共有四個都督府：瓜地馬拉（一五二七年）、古巴（一七七七年）、委內瑞拉（一七七三年）和智利（一七七八年）。一七六四年，西班牙又在美洲殖民地推行皇家審問院制度，分新西班牙為十二個審問院，拉普拉塔為八個審問院等等。西屬美洲的獨立戰爭後，相應的總督區和其他行政區劃分不復存在，但卻深刻影響到了各新獨立國之間的邊界和行政區劃分。

西班牙帝國（Imperio Español）是一四九二年至一九七五年間由西班牙和其前身控制的歐洲帝國，領土曾囊括今美洲、非洲、亞洲和其他歐洲地區的部分區域，是第一批全球與殖民帝國，被稱為「日不落帝國」。

由卡斯提亞的伊莎貝拉與亞拉岡的斐迪南聯姻組成的合併國家於一四七九年誕生，這對夫妻以天主教雙王為人所知。一四九二年，伊莎貝拉女王資助的航海家哥倫布抵達美洲，被視為西班牙帝國開始的節點。葡萄牙王國在帝國初期是西班牙在美洲和大洋洲的最大競爭對手，而法蘭西王國是帝國初期在義大利地區爭霸的最大敵手。西班牙與法國長達半個多世紀的戰爭，以西班牙贏得大部分義大利地區，法國成功向萊茵河流域擴張結束。而西班牙與葡萄牙的爭霸最終以帝國於一五八〇年贏葡萄牙王位繼承戰爭，西王腓力二世獲得葡萄牙王位並組建伊比利聯盟告終。西班牙在這一系列的戰爭中成為當之無愧的世界霸權，但隨之開始面臨低地地區的反叛。一五九八年，在西班牙停止介入法國宗教戰爭後，歐洲迎來短暫的和平時期，被後世稱為「西班牙治世」。

十七世紀初期，西班牙帝國陷入一系列與鄰近國家的戰爭，包括對荷戰爭、對法戰爭以及介入神聖羅馬帝國內戰。這一系列的戰爭最終導致葡萄牙於一六四〇年獨立、荷蘭於一六四八年獨立以及法蘭西王國取代帝國成為歐洲霸主。一六六七年，法國大元帥蒂雷納子爵率軍入侵西屬尼德蘭，帝國無力反抗並被迫割讓數座城鎮。西班牙在十七世紀後期持續衰弱，並在卡洛斯二世去逝後，成為歐洲列強爭奪的戰利品。一七一四年，歐洲各國被迫同意法王路易十四的孫子腓力即位為西班牙國王，波旁王朝（是現今的王室，源於法國波旁家族，自一七〇〇年至今統治西班牙）取代哈布斯堡成為西班牙的王室並持續至今。西班牙的波旁改革成功使海外殖民地財富增長，並在「詹金斯的耳朵戰爭」中重創英國殖民勢力。而在歐洲大陸西班牙常與法蘭西王國組成聯盟，對抗其他歐洲國家。

西班牙於一八〇八年被法皇拿破崙一世入侵，本土力量損失慘重並使大量殖民地於十九世紀初期成功獨立，國際地位遭到重創。到了二十世紀初期，殘破的帝國僅剩下非洲地區的殖民地。一九七五年，在所有殖民地獨立後，帝國正式終結。

二十世紀，西班牙在動蕩中風雨飄搖，徹底退化為三流小國。二十世紀前期的瓜分非洲風潮，西班牙因為本身國力薄弱，所得甚少，相較於本來就專注殖民傳統的英法、如日中天的德國，西班牙在瓜分非洲中只擁有包括西屬摩洛哥、幾內亞和撒哈拉三處，還不及自己前領土的比利時、剛果來得大。這也是西班牙在歷史上最後一次殖民擴張。第一次世界大戰期間，西班牙存在感稀薄，作為中立國倖免於難，但政府毫無作為。二十世紀中，由於統治階層的意見分歧、底層人民積怨已久，西班牙內戰爆發，西班牙無暇顧及自己的殖民地，更不用說對外爭奪霸權，只維持本土穩定已經是國力極限。在二戰結束後的二十世紀（一九五六年、一九六八年和一九七五年），這些殘餘又狹小的非洲殖民地乘著「全球去殖民化」的順風車，趁機也成功脫離西班牙而獨立。

現今，西班牙殖民地帝國依然有不少殘留。位於北非摩洛哥沿岸的休達、梅利利亞以及數個主權地，是西班牙根據戰爭從摩洛哥那裡搶奪的領土，導致西班牙至今和摩洛哥有領土爭端。在英國都完全放棄殖民體系的今日，西班牙卻還能保持第一代日不落帝國的架構。

十五世紀起，西班牙建立美洲殖民地，使西班牙語和天主教傳播到美洲和西屬東印度群島（密克羅尼西亞聯邦、關島、馬里亞納群島、帛琉和菲律賓）。今天「拉丁美洲」一詞的由來，和西班牙在美洲的殖民統治有很大關係。目前在美洲大陸，除加拿大、美國、巴西、蓋亞那、蘇利南以及法屬圭亞那以外的所有不少拉丁裔美國人使用西班牙語，已成為美國的第二大使用語言。受西班牙帝國的影響，目前世界上有約三億人以西班牙語作為第一語言。

・**詹金斯的耳朵戰爭**（英語：War of Jenkins' Ear，西語：Guerra del Asiento），是為大不列顛與西班牙之間一場發生於一七三九年至一七四八年的軍事衝突。自一七四二年起，有關戰爭成為奧地利王位繼承戰爭的一部分。根據一七二九年訂立的《塞維爾條約》，英方曾同意不與西班牙的殖民地進行貿易。為了確保條約有效落實，西班牙被允許在其領海範圍內登上英國船隻進行巡檢。可是在一七三一年，英國商船「麗貝卡號」（Rebecca）船長羅伯特・詹金斯報稱，在加勒比海的西班牙海域遭到西班牙當局的人員登船搜掠，而且還將他的一隻耳朵割下。

詹金斯船長返回英國後曾向英王伸冤，而加勒比海的英軍總司令亦曾就事件撰寫報告，不過沒有成為輿論焦點。到了一七三八年，詹金斯再度公開講述其遭遇，而且在下議院聽證會上展示自己被割下的耳朵，於是引起廣泛關注，下議院認為是被當眾受辱，牽涉國體榮辱，要求對西班牙開戰。首相羅伯特・沃波爾爵士最終於一七三九年十月二十三日對西班牙宣戰，結果十年戰爭，維持戰前原狀。

第二章　瓜地馬拉概況

第一節　行政與政黨

哥倫布發現新大陸後，墨西哥征服者科德斯（Hernán Cortés）在一五二四年派阿瓦拉多（Pedro de Alvarado）率騎兵、步兵各一〇〇名，藉卡啟蓋人（Cakchiquel）之助，征服馬雅各族成立瓜地馬拉王國，為西班牙殖民地，範圍包括今日墨西哥南部與中美洲各國。瓜地馬拉王國首先建都於安地瓜（Antigua），一七七三年大地震，安地瓜城震毀，始遷都至現今之瓜地馬拉城。

十九世紀初，西班牙在中南美洲之殖民地紛紛獨立。一八二一年九月十五日瓜地馬拉王國宣布獨立，惟仍屬墨西哥帝國一部分，兩年後脫離墨西哥，一八四六年正式分裂成中美洲五國。進入二十世紀後，瓜國歷經數度軍事政變，政權更迭不斷，至一九八五年五月瓜國完成制定新憲法，一九八六年比尼西奧・塞雷索（Vinicio Cerezo）當選總統，開啟文人政府民主制度。

・**政治制度**：共和國／總統制，總統為最高行政首長，任期四年，終身不得再選。

・**內閣**：總統為最高行政首長，下轄內政部、外交部、國防部、財政部、交通暨公共工程部、教育部、農牧暨糧食部、經濟部、衛生部、勞工部、能源暨礦業部、文化體育部、法務部、環境暨天然資源部等內閣部會。瓜國法務部為獨立機關，不設部長，由檢察總長指揮。

・**司法機關**：設有地方、高等及最高法院，負責審理民、刑事案件。另有憲法法院，其功能與我國大法官會議相似，主要係解釋憲法、法律與命令是否違憲等，地位崇高。

・**國會**：國會採一院制，議員直接民選，任期四年，得連選連任。國會有一六〇席，三十八個委員會，國會議長任期一年，得連選連任。國會議長為李薇拉（Shirley RIVERA），任期至二〇二四年元月。

・**政黨**：

一、國家融合陣線（Frente de Convergencia Nacional），二〇〇八年元月成立，由前軍政府退役軍人組成，右翼政黨。總書記埃德加・胡斯蒂尼亞諾・奧瓦列・馬爾多納多。

二、民主革新自由黨（Libertad Democrática Renovada），二〇〇八年底，部分國會議員宣布脫離全國希望聯盟，成立新黨「全民福祉聯盟」，後改名為「民主革新自由黨」。總書記曼努埃爾・巴爾迪松。

三、國家希望聯盟（Unidad Nacional de la Esperanza），二〇〇二年九月由前總統科洛姆（Álvaro Colom）組建，中左翼政黨。總書記為德拉・托雷斯。

四、愛國黨，退役將軍奧托・佩雷斯於二〇〇一年十二月二十日創建該黨並擔任實際領導人。原為貝爾赫政府執政聯盟成員，二〇〇四年六月因政見分歧宣布退出。總書記羅莎娜・巴爾德蒂。

重要政黨還有前進黨（VAMOS）、價值黨（VALOR）、國家福利黨（BIEN）、種子運動黨（SEMILLA）、全民黨（TODOS）、人道主義黨（HUMANISTA）及願景與價值黨（VIVA）、勝利黨（VICTORIA）等主要政黨。

瓜地馬拉是一個多黨制的，獨立的民主共和國。一九八六年元月十五日頒布的憲法規定，其為三權分立政體，即行政（總統和副總統）、立法（國會）及司法（最高法院）的分立。

一九九三年修改憲法，又再增加了最高法院大法官從九人到十三人、正副總統與國會代表任期由五年縮減為四年、大法官任期由六年縮減為五年、市長與市議員任期由兩年半增加至四年。總統由法定成年人直選，僅限一任，不得連任（但可隔屆參選）。國會和總統的選舉每四年一次，所有十八歲以上的公民擁有選舉權，軍人卻沒有選舉權。國會指命最高法院成員，其任期為四年。如同其它拉丁美洲國家一樣，瓜地馬拉沒有悠久的民主傳統，黨派非常不穩定，在一段執政期後就解散。而黨派外的組織如軍隊和企業在政治界擁有很大的影響力。

瓜國於二〇一九年六月十六日舉辦正、副總統（第一回合投票）、國會、中美洲議會議員及市長大選，嗣於八月十一日進行正、副總統第二回合投票，前進黨賈麥岱（Alejandro Giammattei）與卡斯提佑（Guillermo Castillo）以一九〇萬七七六七票分別當選正、副總統，並於二〇二〇年元月十四日宣誓就職，任期至二〇二四年元月十四日。

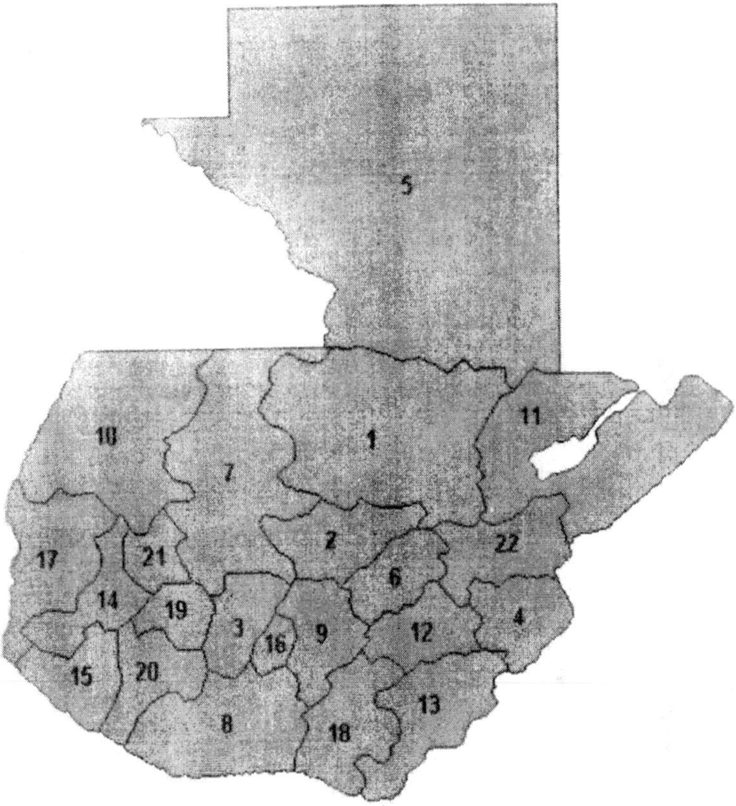

・瓜地馬拉行政區劃：

瓜地馬拉全國劃分成 22 個省（西班牙語：departamentos）下轄 340 個市鎮。

雖曾聲稱擁有貝里斯的全部國土（受韋拉帕斯省管轄），並在部分地圖上如是標註。1991 年，瓜地馬拉承認貝里斯獨立國家之地位，但兩國仍然時常發生領土糾紛。

1. 上韋拉帕斯省（Alta Verapaz）
2. 下韋拉帕斯省（Baja Verapaz）
3. 齊瑪德南戈省（Chimaltenango）
4. 奇基穆拉省（Chiquimula）
5. 佩滕省（Petén）
6. 埃爾普羅格雷索省（El Progreso）
7. 基切省（Quiché）
8. 埃斯昆特拉省（Escuintla）
9. 瓜地馬拉省（Guatemala）
10. 韋韋特南戈省（Huehuetenango）
11. 伊薩瓦爾省（Izabal）
12. 哈拉帕省（Jalapa）
13. 胡蒂亞帕省（Jutiapa）
14. 克薩爾特南戈省（Quetzaltenango）
15. 雷塔盧萊烏省（Retalhuleu）
16. 薩卡特佩克斯省（Sacatepéquez）
17. 聖馬科斯省（San Marcos）
18. 聖羅莎省（Santa Rosa）
19. 索洛拉省（Sololá）
20. 蘇奇特佩克斯省（Suchitepequez）
21. 托托尼卡潘省（Totonicapan）
22. 薩卡帕省（Zacapa）

第二節 社經農工

瓜地馬拉共和國（República de Guatemala），通稱瓜地馬拉（Guatemala），位於中美洲，西瀕太平洋，東臨加勒比海，北與墨西哥接壤，東北鄰伯利茲，東南鄰宏都拉斯和薩爾瓦多。全國總面積一〇八八八九平方公里（第一〇五位），海岸線全長五〇〇公里。

·**地理**：瓜地馬拉位於中美洲，其北部的低地平原佩滕是熱帶雨林，中部的高地上的火山可達四二〇〇公尺，太平洋畔狹窄富饒的平地則屬於熱帶氣候。

中部的高原也是瓜地馬拉的文化中心，高原地區海拔約一三〇〇到一八〇〇公尺，全年氣溫溫和，白天溫度約攝氏十八到二十八度之間，在海拔更高處一月和二月通常較冷。瓜地馬拉的首都瓜地馬拉城也位於此。該市有二五〇萬居民，是瓜地馬拉最大的城市。旅遊景點有阿蒂特蘭湖、西班牙殖民時期舊首都瓜地馬拉城、馬雅古城市蒂卡爾和一些其它著名的城市如克薩爾特南戈和奇奇卡斯德南哥。

瓜地馬拉有三十七座火山，其中四個為活火山，即帕卡亞火山、聖地亞古多火山、富埃戈火山及塔卡那火山。富埃戈火山和帕卡亞火山曾在二〇一〇年噴發。二〇一八年富埃戈火山再次噴發，導致數百人傷亡。

瓜地馬拉境內有數個湖泊，其中最大的湖泊為伊薩瓦省境內的伊薩瓦爾湖，最深的湖泊為索洛拉省境內的阿蒂特蘭湖。瓜地馬拉共有安提瓜瓜地馬拉、基里瓜考古公園和馬雅文化遺址、蒂卡爾國家公園三處世界文化遺產。

瓜地馬拉全境三分之二為山地和高原。西部有庫丘馬塔內斯山脈，南部為馬德雷山脈，西部和南部屬火山帶，有火山三十多座，塔胡穆爾科火山海拔四二一一米，為中美洲最高峰，地震頻繁。北部有佩滕低地。太平洋海岸有狹長的沿海平原。主要城市多分布在南部的山間盆地，其北部的低地平原佩滕是熱帶雨林，中部高地上的火山可達四二〇〇米。

・氣候特徵：瓜地馬拉位處熱帶，北部及東部沿海平原地區屬熱帶雨林氣候，南部山地屬亞熱帶氣候，一年分乾濕兩季，五至十月為濕季，十一月至次年四月為乾季。瓜地馬拉太平洋畔狹窄富饒的平地是熱帶氣候。中部的高原也是瓜地馬拉的文化中心，在這裡，在一三〇〇到一八〇〇米高處全年氣候溫和，日溫度在十八到二十八度之間，在更高處一月和二月往往比較冷。東北部年降水量二〇〇〇－三〇〇〇毫米，南部為五

○○－一○○○毫米。

・**水系分布**：瓜地馬拉境內有數個湖泊，流經瓜地馬拉的河流，主要有莫塔瓜河、烏蘇瑪新達河、奇克索河以及沙士敦河。而奇克索河是烏蘇瑪新達河的源頭。

・**自然資源**：瓜地馬拉森林面積佔全國的一半，佩滕低地尤為集中；盛產桃花心木等貴重木材。礦產資源有鉛、鋅、鉻、銻、金、銀、水銀、鎳等，石油儲量十四・三億桶。森林面積佔全國面積的百分之三十八。

・**人口民族**：截至二○二三年二月，瓜地馬拉總人口達一七五七六○○○人（第六十六位），旅居海外僑民約三○○萬人。印第安人佔百分之四十一。土著印第安人佔百分之四十一，其餘為印歐混血種人和歐洲移民後裔。二○一四年人均壽命為七十一・七歲，出生率百分之二十七・一，死亡率百分之三・二。截至二○一五年底，城市人口佔總人口的百分之五十二。男性人口數佔百分之四十八・七；女性人口數佔百分之五十一・三。

・**經濟**：

瓜國以農立國之開發中國家，主要的出口農產品以咖啡、糖、蔬果、荳蔻和香蕉為大宗。製造業主要以食品、飲料、和煙草、服裝、紡織品和皮革製品等為主。二○一七年產業結構上，農業產值佔ＧＤＰ之百分之十三・三，工業佔百分之二十三・四，服務業佔百分之六十三・二。

瓜國最大貿易及投資夥伴為美國，美國經濟回溫雖有助瓜國出口，惟二〇一七年瓜國實質經濟成長率僅為百分之二・八，略低於二〇一六年的百分之三・一；二〇一八年實質經濟成長率增為百分之三・一，係因政府推行經濟政策所致。預估瓜國經濟成長將隨著美中貿易緊張升級，美國經濟前景放緩而受影響；近年來政府減少基礎設施投資，致經濟成長放緩，但受益於消費者支出和出口持續成長，得以支撐其經濟增長。

瓜國與其他中美洲國家相同，物價受全球糧價及能源相關商品價格影響極大。二〇一六——二〇一七年ＣＰＩ年增率均為百分之四・四，係因乾旱致糧價攀升及國際油價上漲所致；由於政府採緊縮政策致產生通縮壓力，二〇一八年ＣＰＩ年增率降至百分之三・八。瓜國稅收佔ＧＤＰ比率向來甚低，由於稅收不足，政府被迫減少財政支出。二〇一七——二〇一八年財政赤字佔ＧＤＰ比率分別為百分之一・三及百分之一・八，係因政府採行較寬鬆的財政政策並加速公共投資所致。二〇一六年至二〇一八年瓜國貿易逆差，分別為五十二億、六十億及七十三億美元。受惠於觀光業成長及海外僑匯回挹注，經常帳赤字逐年縮減。瓜國二〇一八年外匯存底為一二二・九九億美元，外債為二四〇億美元，外債佔GDP比重為百分之二十七．三一，綜合而言，瓜國支付進口能力及償付外債能力均屬「尚可」。依二〇二二年統計，輸出總值一四四億二九一五萬美元、輸入總值二九七億二八六萬美元。

．**農業**：瓜地馬拉全國一半的勞動力從事農業生產。瓜地馬拉主要農產品有咖啡、棉花、香蕉以及甘蔗、玉米、稻米、豆類等。還有製糖、紡織、麵粉、釀酒、菸草等。經濟作物出口是外匯收入的主要來源，輸出以咖啡、香蕉、棉花、糖為大宗，其中小豆蔻出口居世界第一位，咖啡生產在中美洲佔第二位。輸入為日用工業品、機械、食品等。

．**工業**：瓜地馬拉工業基礎薄弱。受長期內戰影響，經濟長期停滯。傳統工業有採礦業、製造業、紡織業、食品加工、製藥業和造紙等。一九八七年以後，建築業發展迅速，石油開採、化工和電子工業也有所發展。一九九六年《最終和平協定》生效後，經濟恢復增長。二〇〇三年至二〇〇八年，平均增長率達百分之四。二〇〇九年，受國際金融危機影響，經濟表現低迷，財政狀況惡化。二〇一〇年經濟實現恢復增長，年增長率為百分之二．八。

．**外貿**：瓜地馬拉主要出口咖啡、蔗糖、香蕉等傳統農產品。主要出口對象國為美國、中美洲國家、歐元區國家、墨西哥、巴拿馬等國；主要進口消費品、原料及半成品、資本商品和燃油等，主要進口來源國為美國、墨西哥、中美洲國家、中國、歐元區國家、哥倫比亞等國。二〇一六年出口額一〇四億美元，進口額一六九億美元。

・**外資**：瓜地馬拉的經濟命脈主要由美國聯合果品公司、中美洲國際鐵路公司及美國和其他國家合營電力公司的子公司（瓜地馬拉電力公司）等外國公司所控制。由於瓜地馬拉實行高利率政策和巨觀經濟比較穩定，不論是外國直接投資還是短期資本流入都有所增長，外匯儲備逐漸增加。

・**宗教**：二〇〇六年，瓜地馬拉人信奉天主教的多達百分之九十四，信仰基督教新教的佔百分之四・九。二〇一九年，百分之七十的居民信奉天主教，百分之二十的居民信奉基督教新教。

第三節　交通旅遊

瓜地馬拉有兩大主要國際機場，分別為瓜地馬拉城的拉奧羅拉（Aeropuerto Internacional La Aurora，軍民兩用，位於瓜地馬拉城第十三區）國際機場與北碇省 Santa Elena 的馬雅世界國際機場。瓜國陸上交通以公路為主，ＣＡ一號公路連接墨西哥、薩爾瓦多與瓜地馬拉城；ＣＡ九號公路連接瓜國兩大商港；ＣＡ二號公路為太平洋沿岸聯絡道路；ＣＡ十三則為貝里斯之聯絡道路。公路以汽車與公車為主，公車主要據點為瓜地馬拉城。瓜國曾經有鐵路，現已荒廢，於瓜地馬拉城第一區有一鐵道博物館，可以懷念過去瓜國的鐵道時光。

瓜國有兩大主要商港，一個為位於太平洋沿岸城市聖荷西港的港口奎特札爾港（Puerto Quetzal），另一個為加勒比海沿岸的巴里奧斯港。

安地瓜（Antigua），全稱安地瓜瓜地馬拉，直譯舊瓜地馬拉，是位於中美洲國家瓜地馬拉的一個著名古城，於一五四三年建城，曾作為西班牙瓜地馬拉殖民地，包含今大部分中美洲地峽區域的首府，以存當時大量的巴洛克式建築而聞名，現為瓜國重要的觀光景點之一。一九七九年該城被聯合國教科文組織列入世界文化遺產。

於首都瓜地馬拉城以西大約四十公里處，位於海拔一五三〇公尺，四周山脈環繞，有多座火山，其中以水火山（Volcán de Agua）最為著名。安城的人口在一七七〇年代達到高峰的六萬人左右。其後在十八世紀晚期開始減少，二十世紀初期雖略有增長，但在二〇〇五年，僅有高峰期一半的三萬人左右。

安地瓜原為西屬中美洲的首府，統治範圍遍及現今的瓜地馬拉、貝里斯、宏都拉斯、薩爾瓦多、尼加拉瓜、哥斯大黎加與墨西哥的 Chiapas 地區。一五二四年，西屬中美洲首次於原馬雅城市所在地 Kakchikel 建城，即今日的 Iximche。一五二七年，由於城市擴展，首都搬至縣隸屬於 Ciudad Vieja 的別哈城。一五四一年，由於水火山爆發，再次決定遷城，於一五四三年遷移至現今安地瓜的所在地。

一七一七年，芮氏規模七・四的瓜地馬拉地震，襲擊安地瓜，造成三千戶房屋倒塌，許多建築物從此成為廢墟。此場地震使政府開始有遷都的想法。隨後於一七七三年，瓜地馬拉地震再次震撼安地瓜，因此，政府決定於一七七六年正式遷都至較安全的「新瓜地馬拉」（La Nueva Guatemala），即瓜地馬拉城。而安地瓜也因為是「舊瓜地馬拉」（La Antigua Guatemala），因而得名。

二〇〇五年中華民國政府與瓜地馬拉簽訂〈安地瓜古蹟保護合作意願書〉，派國立成功大學學者專家，協助該地區古蹟維護修復之工作。

安地瓜沒有機場，因此，國外觀光客通常會由位於鄰近的瓜地馬拉城拉奧羅拉國際機場，轉搭其他各類交通工具抵達。此外，亦有眾多客運來往瓜地馬拉城、弗洛雷斯、利文斯頓、宏都拉斯科潘、聖薩爾瓦多、尼加拉瓜等地。

安地瓜最主要的對外聯絡道路為 RN-10 號公路，分成兩個單向道，聯繫安地瓜與聖盧卡斯薩卡特佩克斯，是自CA-1泛美公路前往安地瓜的主要通道。此外亦有數條道路可前往霍科特南戈、帕卡亞火山、太平洋海岸等地。安地瓜市區均為走路可達之地。中央廣場附近有馬車、嘟嘟車等接駁方式，可搭乘至指定地點。由於旅遊興盛，亦有眾多快捷巴士（shuttle），聯絡安地瓜至瓜地馬拉拉奧羅拉國際機場與其他主要景點。

安地瓜主要產業為旅遊業，擁有中美洲數量最多的各類飯店、青年旅館與西班牙語言學校，以及各式餐廳、酒吧、咖啡廳、紀念品店、玉店、銀行等。安地瓜同時也是咖啡盛產地之一。

瓜地馬拉旅遊產業發展逐年蓬勃，根據瓜地馬拉觀光局（INGUAT）的分類，可將全國分為七個區域：

一、**瓜地馬拉省周邊**（Guatemala）——以現代化與殖民風格的建築為主，主要景點有安地瓜（UNESCO——世界文化遺產）、瓜地馬拉城、阿馬蒂特蘭湖等。

二、**高地**（Highlands）——以馬雅文化為主，主要景點有阿蒂特蘭湖、奇奇卡斯特南戈、基切省聖克魯斯、托托尼卡潘、克薩爾特南戈等。

三、**佩滕省**（Petén）——以馬雅文明的探險為主，主要景點有蒂卡爾（UNESCO——世界自然與文化遺產）、佩滕伊察湖、弗洛雷斯及多座馬雅遺跡等。

四、伊薩瓦爾省（Izabal）——以加勒比海風情為主，主要景點有利文斯頓、伊薩瓦爾湖、馬雅遺跡 Quiriguá（UNESCO ——世界文化遺產）等。

五、維拉帕斯（The Verapeces）——以豐富的自然景觀為主，主要景點有 Semuc Champey、Grutas de Lanquín 等。

六、太平洋海岸——以海上活動為主，主要景點有帕卡亞火山、Monterrico、聖何塞港等。

七、東部（The East）——以宗教與自然景觀為主，主要景點有圭哈湖、埃斯基普拉斯等。

首都瓜地馬拉城是瓜地馬拉最大的城市，中美洲的城市。面積九九六平方公里，人口三〇一．五萬（二〇二二年）。始建於一五二四年，因遭地震多次破壞，一七七六年遷現址。市內多低矮建築物，一七七九年起為首府。一八二三年至一八三八年曾為中美洲聯邦的首都。咖啡、玉米、小麥等農產品的集散地。擁有全國一半以上的工業，主要有水泥、木材加工、紡織、煙草、食品加工等。交通樞紐，鐵路向東北、西南分別通達巴里奧斯港和聖何塞。設有大學（一六七六建）、科學院、博物館等。中美洲共同市場總部設於此。城郊有馬雅文化古蹟，旅遊中心有阿蒂特蘭湖、舊首都瓜地馬拉、古老的馬雅城市蒂卡爾和一些其它著名的城市，如克薩爾特南戈和奇奇卡斯德南哥。瓜地馬拉城是全國經濟、文化和交通樞紐。在南部火山區的高原上，海拔一四八〇米，氣候卻異常溫和，終年鮮花盛開，綠草如茵，季節變化小，故有「常青之城」的美稱。

第四節　國旗國歌

・**國旗**：二側的藍色是中美洲聯邦同盟國共通的顏色，也表示太平洋及加勒比海；中央是國徽，國徽中的鳥是國鳥，周圍的月桂樹代表勝利和光榮，交叉的二支鎗和刀代表正義和國防，中央的文件上用西班牙語寫著「自由，一八二一年九月十五日（LIBERTAD 15 DE SEPTIEMBRE 1821）」。根據二〇〇八年通過的法律，採用一款代表原住的國旗，與現行藍白藍三色旗並列為瓜地馬拉國旗。古馬雅人的卓爾金歷（Tzolk'in）是以二十個日名和十三個日數構成的周期，組成了二百六十個獨立的日子，被用來決定宗教及祭典項目的時間。其中「Q'ai日」代表富饒、豐收、豐富和繁榮，它是各種種子的日名，代表穀物的四種顏色：紅白黃黑，同時也代表四個基本方向，這一天適合播種任何種子、想法、開展項目或發展關係。原住民旗紅黃白黑色四色，亦分別代表新卡人、加里富納人、馬雅人、拉迪諾人。中央是馬雅人的天文符號「地球」，描繪了創造、開始新的增長，象徵宇宙在播種的那一天生命開始。原住民旗（Bandera de los Pueblos）是法定旗幟，在正式場合和瓜地馬拉國旗一起懸掛。

・**國徽**：國徽中間交叉著一雙步槍和一雙劍，棲息著象徵自由的國鳥鳳尾綠咬鵑，又叫做「阿茲特克鳥」，是一種生活在中南洲熱帶雨林的美麗鳥類。在古代馬雅和阿茲特克文化中，鳳尾綠咬鵑被認為是羽蛇神（格查爾神）的化身，享有神聖的地位，牠從未被人們長時間餵養過，總是在被捕捉到之後一段時間內死亡，出於這個原因，人們把牠看作是「自由，一八二一年九月十五日（**LIBERTAD 15 DE SEPTIEMBRE 1821**）」，周圍的月桂樹代表勝利和光榮，交叉的二支鎗和刀代表正義和國防。

中美洲聯邦共和國（**República Federal de Centroamérica**），初名中美洲聯合省（**Provincias Unidas del Centro de América**），是中美洲歷史上的一個聯邦共和國，存在於一八二三年至一八四一年，由過去新西班牙的瓜地馬拉都督府領土組成。有時會被誤譯為中美洲合眾國。領土包括今日的瓜地馬拉、薩爾瓦多、宏都拉斯、尼加拉瓜、哥斯大黎加，以及墨西哥東部恰帕斯州的一部分。

聯邦共和國由瓜地馬拉、薩爾瓦多、宏都拉斯、尼加拉瓜和哥斯大黎加五個邦加一個聯邦特區（新瓜地馬拉，今瓜地馬拉城）組成（巴拿馬當時為玻利瓦爾所創之哥倫比亞共和國的一部份，而貝里斯當時為英國殖民地）。在一八三〇年代，首府為克薩爾特南戈的第六個邦洛斯阿爾托斯加入了聯邦，洛斯阿爾托斯的領土包括今日的瓜地馬拉西部高原和墨西哥東部的恰帕斯州。

自中美洲從西班牙帝國獨立不久後，其中有些地區於一八二一年併入了墨西哥第一帝國。接著中美洲於一八二三年組成了聯邦共和國。從一八三八年到一八四〇年，聯邦陷入了內戰，由保守派對抗自由派，最後支持分離主義的自由派獲勝。經歷了多次流血衝突，聯邦由於不同地區和不同的理想，因而無法成功凝聚確切的國家認同而分崩離析。

組成中美洲聯合省的地區從十六世紀後成為西班牙殖民地，稱瓜地馬拉都督府。一八二〇年西班牙發生恢復立憲制的革命，引發了美洲西班牙殖民地的獨立浪潮。一八二一年墨西哥宣布獨立後，瓜地馬拉都府的自由主義者在九月十五日起草第一獨立宣言，主張聯合墨西哥。但是當自稱「墨西哥皇帝」的伊圖維德退位之後，該地區轉而召開了中美洲地區的「全國制憲會議」，並於一八二三年七月十七日發表第二獨立宣言，採用「中美洲聯合省」為國名，包括五個原屬於瓜地馬拉都府的「代官區」，即瓜地馬拉、薩爾瓦多、宏都拉斯、尼加拉瓜、哥斯大黎加。首都設在瓜地馬拉城，第一任總統為何塞・德・巴列（José Cecilo del Valle）。一八二四年該國通過了以美國為藍本的憲法，設立聯邦國會，各省按比例推舉國會議員；總統、參議院和最高法院通過三級選舉選出；總統任期為四年。廢除了奴隸制度和教會特權。

中美洲聯合省在獨立前是一個社會結構複雜的地區。在土地肥沃、勞動力眾多的瓜地馬拉和薩爾瓦多，西班牙地主建立了以大地主為基礎的強大封建結構。相對貧瘠的宏都拉斯和尼加拉瓜則發展出商業和貿易經濟。哥斯大黎加吸引了缺少資本的西班牙移民，建立了以歐洲自耕農為基礎的較民主的政治結構。中美洲聯合省獨立即分裂為保守集團和自由集團，前者主張建立強有力的中央集權政府，保持教會和軍人的特權，並維持舊有的土地佔有制度；後者則主張實行向各省分權的聯邦制度，廢除神職人員的特權，實行土地改革。從自然條件上來說，中美洲的各省之間缺乏交通綿密網，各個地區的地方觀念根深蒂固，造成地方村鎮和鄉村對於國家首都的嫉妒，並導致內部傾軋，最終使聯合省分裂。

一八二五年，曼努埃爾・何塞・阿爾塞被第一屆議會選為總統，他在瓜地馬拉大主教的支持下，試圖抵禦自由派的影響。由於薩爾瓦多省進行了許多反教會的社會改革，並且傳播來自法國的自由思想，他派軍隊侵入薩爾瓦多，引發內戰。自由派領袖之一、宏都拉斯人弗朗西斯科・莫拉贊擊敗了阿爾塞的軍隊，解放了薩爾瓦多，憑藉著來自尼加拉瓜和宏都拉斯的援助，侵入瓜地馬拉，放逐了瓜地馬拉大主教，阿爾塞總統逃亡墨西哥。自由派贏得國家的控制。原瓜地馬拉省長何塞・弗朗西斯科・瓦倫迪亞成為過渡總統，莫拉桑則於一八三〇年當選總統。

莫拉桑執政時期，通過沒收教會財產，推行了社會改革，廢除什一稅，設立了學校和醫院，吸引外國移民，並制訂開鑿尼加拉瓜運河的計劃。但是流亡中的保守派從西班牙得到了支持，並在薩爾瓦多發動叛亂，使其退出聯邦。在尼加拉瓜和哥斯大黎加的幫助下，莫拉桑於一八三二年收復了薩爾瓦多。

一八三四年，中美洲聯邦首都從瓜地馬拉城遷至薩爾瓦多首府聖薩爾瓦多。在新的總統選舉中，何塞・德・巴列獲勝，但在就任前病亡，因此，莫拉桑繼續擔任總統。他的嚴厲統治開始導致人民不滿。一八三六年至一八三七年，瓜地馬拉發生霍亂，保守派通過教會向印第安人散布「自由派有意通過霍亂來滅絕印第安人、奪取其土地」的謠言，引發了瓜地馬拉的暴亂。一八三八年，由拉斐爾・卡雷拉（Rafael Carrera）領導的瓜地馬拉印第安軍隊，擊敗了政府軍，莫拉桑逃到薩爾瓦多。

一八三八年四月三十日，尼加拉瓜宣布永遠脫離聯合省。五月三十日，中美洲聯合省聯邦國會通過一項決議，宣布各國可以自行決定同聯邦之間的依附關係。八月三十日，哥斯大黎加獨立。十一月五日，宏都拉斯獨立。一八三九年四月十三日瓜地馬拉獨立，中美洲聯合省只剩下薩爾瓦多一個成員國。一八四〇年三月，卡雷拉軍隊佔領薩爾瓦多，為了自身安全，莫拉桑總統流亡巴拿馬；一八四一年二月十八日，薩爾瓦多亦宣佈獨立，中美洲聯合省正式走入歷史灰燼中。一九〇七年，中美洲法院建立。一九六〇年十二月十三日，瓜地馬拉、薩爾瓦多、宏都拉斯和尼加拉瓜建立中美洲共同市場，哥斯大黎加由於其經濟繁榮和政治穩定沒有選擇加入。

・**國歌**：由何塞・華金・帕爾馬（José Joaquín Palma）作詞，拉斐爾・阿爾瓦雷斯・奧瓦耶（Rafael Álvarez Ovalle）作曲，在官方的國歌競賽中勝出。作為中美洲博覽會的重頭戲，於一八九七年三月十四日晚上在科隆劇場首演。作曲者被授予金質獎章和榮譽證書，惟當時政府未公佈作詞者姓名，直到一九一一年眾人才知曉他是古巴詩人何塞・華金・帕爾馬，並為臨終的他戴上了銀質花圈。

一九三四年，西班牙語語法學者何塞・馬里亞・博尼亞・盧瓦諾教授對歌詞作了輕微改動，使血腥的文字變得溫和，增強了詩體的美感。全歌有八節，每兩節後有一段副歌。與其它很多有多段落的國歌不同，歌詞所有段落都是正式的。有時本曲亦以首句歌詞「幸福的瓜地馬拉」（Guatemala Feliz）為題，但這不是正式名稱。中譯文歌詞：

第一段

願美好瓜地馬拉的祭壇，
再也不會被劊子手褻瀆，
你不再鐐銬加身淪爲奴，
再不受暴君唾面之辱。

第二段

若有朝一日外敵恫嚇你，
要入侵你那神聖的土地，
美麗的國旗在風中飄舞，
令你拼死把敵人征服。

副 歌

美麗的國旗在風中飛舞，
令你拼死把敵人征服，

你的人民有志氣有靈魂，
發誓寧死不做亡國奴。

第三段

祖國的雙手由怒火鍛造，
把陳舊牢固的枷鎖打破，
勤勞能使土地更加肥沃，
寶劍能使光榮重歸來。

第四段

我們父輩那段鬥爭年代，
點燃了我們的愛國激情，
得到勝利不用流一滴血，
你登上了博愛的寶座。

副　歌

得到勝利不用流一滴血，
你登上了博愛的寶座，

我們祖國憑著不竭吶喊，
終被救世主給予新生。

第五段

你的國旗如同一片天空，
她純潔就像白雲一樣，
妄圖玷污她的狂徒們呀，
不自量力會自食其果。

第六段

你的兒女們勇敢而自豪，
生活在讚美與和平之中，
爲了去捍衛土地和家園，
我們絕不怕殘酷戰爭。

副歌

爲了去捍衛家鄉的土地，
我們絕不怕殘酷戰爭，

我們會遵循靈魂的意願，
為了祖國聖壇的榮耀。

第七段

你身處浩瀚的兩大洋間，
聽得到海潮正洶湧澎湃，
你在那金紅色的羽翼下，
被絢麗的格查爾迷醉。

第八段

自由之鳥就住在國徽上，
號召人民去把國土捍衛，
希望她能永遠高高飛舞，
比禿鷹和金雕飛更高。

副　歌

希望她能永遠高高飛舞，
比禿鷹和金雕飛更高，

在她羽翼中升入雲霄，
不朽的名字瓜地馬拉。

・**國花**：白花修女蘭（學名 Lycaste skinneri Lindl），這種植物的花通常是三角形的，從假球莖的基部長出，長約十－十五厘米。顏色純白，從不同的粉紅色到薰衣草的顏色。這種顏色的純度使它們成為石蒜交織形成的最佳起點。這種花的開花期在十一月到四月之間，最繁盛在元月底和二月初。一株成熟的植物在開花期間可以開出四至十二朵花，持續六至八周。這種蘭花也被稱為蒙加布蘭卡（Monja Blanca），在一九三四年二月十一日，瓜地馬拉共和國總統頒布了一項法令，將白花修女蘭定為國花。

第五節　傳統美食

中美洲物價最低的國家是瓜地馬拉，說起馬雅文化，可能會更加敏感。其實瓜地馬拉正是古代印第安人馬雅文化的中心之一，因此，瓜地馬拉的飲食文化也能找到古代馬雅文明的蹤跡。除了馬雅文化之外，瓜地馬拉美食的西班牙色彩也非常濃郁，流行的就是非洲和加勒比海地區的風味。瓜國的早餐通常有各種雞蛋、玉米餅、豆類和大蕉。也可搭配奶酪或奶油。瓜人的早餐往往利用當地豐富的熱帶水果，如木瓜、芒果、香蕉、酪梨等，有些早餐可以吃到燕麥。而最令人懸念的要有一杯瓜地馬拉咖啡，否則這頓早餐就不是很愜意。在正餐方面，美食主要有玉米、大米、豬肉、牛肉、雞肉、奶酪、玉米餅及豆類等。一般民眾最喜愛的就是燉肉和湯。在瓜國餐館裡的菜單，幾乎和墨西哥十分相似，比如墨西哥玉米片、玉米粉蒸肉和玉米卷餅等。除此之外，在各地還有不少中餐廳、披薩店和炸雞店等。瓜國的主要美食有下列幾種：

- **爆漿芝士辣椒**（Chiles Rellenos），不管是墨西哥還是瓜國的爆漿芝士辣椒都很美味可口，非常適合寒冷冬日的美食。塞滿了奶酪、肉、米飯和蔬菜，煮熟後，在撒上辣蕃茄醬。
- **Kak'ik**，瓜國人民喜歡喝湯，而**Kak'ik**是以火雞為底料的湯，用蒜蓉、辣椒和香菜來調味。這道食譜追溯到古馬雅時代，至今仍是其中的經典。
- **Chicken Pepian** 是瓜國的「國菜」。先把雞肉用辣醬調味烹煮，再撒上南瓜子和芝麻。雞肉軟嫩，可以在嘴裡化開，而醬汁的辣度恰到好處，既便不吃辣的人不妨也可以品嚐。
- **香料芒果**，早已流傳到其他國家，是比較有名的瓜國美食。當芒果成熟，把它切成薄片，撒上辣椒和酸橙。芒果的甜味、辣椒的辣味和酸橙的酸味，融合在一起，形成獨特的三重風味。

·**烤玉米棒**，在瓜國大街小巷，常看到小攤上，香料、芒果一起烤的玉米棒。把玉米棒烤熟，撒上酸橙汁、辣椒、奶酪及蛋黃醬或黃油。不過烤玉米棒的澆頭並不是固定的，也可以自己選擇加料。

·**Pepián**，這是一種辣味的燉肉，通常由雞肉、豬肉、牛肉所製成，搭配淋上由芝麻和豌豆醬製成的濃稠醬汁的蔬菜及玉米餅和酪梨等。

·**Hilachas** 這是一種土豆燉牛肉，裡面還加入了些許辣味的番茄醬，和米飯一起搭配食用。

·**Rellenitos** 這是由大蕉泥加上甜黑豆製成的甜點。如果個人覺得不夠甜，再撒些糖粉。除了作為甜點之外，它也可以作為開胃菜。

·**Pinol** 這是一種磨碎的玉米製成的熱飲料，裡面還有各種香料，比如香草、肉桂、可可、奇亞籽和龍舌蘭等。

·**Granitas** 本質上就是一種刨冰，裡面可以加入各種不同水果，這也是瓜國熱帶地區必不可少的飲品。

・**奶酪豬肉玉米餅**，起源於薩爾瓦多，不久在瓜國流傳開來，現已成了隨處可見的小吃。餡料多種，從豆類、奶酪到豬肉，加上油炸至外表酥脆，通常搭配辣番茄醬和捲心菜。

・**玉米粉蒸肉/玉米粽子**，玉米粉蒸肉有多種類，常見的就是用玉米粉或大米粉製成，加上肉、紅辣椒、調味料等，用玉米葉包裹，製作方法類似包粽子，所以也叫玉米粽子。

・**Ciollo**，這是瓜國的傳統巧克力，把它融化成奶油狀，加入肉桂，就是著名的熱巧克力。

・**酪梨醬**，這是紮根於瓜國文化的美食之一。在傳統上，酪梨醬會搭配薯條或油炸大蕉，除了當蘸醬之外，它也可以用作許多菜肴的澆頭。

・**果餡餅**，這在瓜國和南美洲都很常見。傳統上是先把蛋奶沙司煮到凝固，等冷藏之後，直接在室溫下，淋焦糖醬。也可以用巧克力碎來替代，不過焦糖是最傳統做法。一般來說，果餡餅都出現在聚會和慶祝活動上，喜歡吃甜食的人，都不會拒絕它。

・**三奶蛋糕**，這是瓜國常見的蛋糕，因為裡面有三種牛奶而得名。這三種牛奶分別是淡奶、甜煉乳和奶油。在蛋糕上加入這三種形式的牛奶，冷藏後食用之。

瓜國的菜餚大多帶有醬汁，而製作醬汁的香料還必須先烤過，才能增添香氣。瓜國曾是馬雅世界的心臟地帶，擁有悠久的歷史與輝煌的文明，還有色彩鮮明的傳統文化，再加上曾受到西班牙殖民的影響，讓當地的料理擁有十分特殊的風格。目前在世界上廣被使用的玉米、可可，其來源也都能追溯到瓜國。早期馬雅人以玉米作為主食，並發展出各種不同的料理方法，大量的運用番茄並搭配各式香料，也是瓜國食物的重點，且中美洲又以種植香料居多，相對在烹調上頻繁地運用香料，而料理整體的色彩也十分繽紛，展現當地民族的熱情與多元化。「玉米、豆類和南瓜」是瓜國料理中最重要的三個元素，也是最常見的主食材料；而「醬汁」則是瓜國料理的最主要元素，從大部分的菜餚都屬於帶有湯水的醬汁料理中來看，就能知道醬汁的功能性。在大小場合，瓜國用馬林巴木琴、海螺、烏龜殼、雨聲管等傳統的樂器，於現場演奏傳統樂曲，讓客人不但能品嘗道地的瓜國傳統風味料理，還能藉著悠揚樂聲與旋律舞蹈，感受瓜國原住民的似火熱情。

第三章　台瓜兩國加強各領域合作

第一節　台瓜「自由貿易」協定

瓜地馬拉第五十一任總統亞歷杭德羅・愛德華多・賈麥岱・法拉（Alejandro Eduardo Giammattei Falla）是瓜國政治人物。畢業於聖卡洛斯大學，屬於前進黨，一九五六年三月九日出生，有三名兒女。

賈麥岱在二〇〇七年、二〇一一年和二〇一五年及二〇一九年四度參選總統。最終在二〇一九年當選，二〇二〇年元月十四日正式就任。他曾在一九八五年、一九八八年和一九九〇年瓜國大選期間擔任選舉進程總協調員。自二〇〇〇年起，又擔任多家企業的顧問。二〇〇六年，成為瓜國監獄系統主管，二〇〇八年卸任。二〇一九年成為前進黨（「為爭取一個不同的瓜地馬拉而前進」黨，Vamos por una Guatemala diferente）總統候選人，並以百分之五十七・九六的得票率當選總統。

賈麥岱主張恢復死刑，並承諾將摧毀暴力集團，同貧困作鬥爭，以阻止人口外流，嚴厲打擊貪贓枉法。同時也反對同性婚姻及人工流產合法化，支持調動軍隊維護民間治安。

賈麥岱重視發展和維護瓜國與中華民國的關係。二〇二一年十二月，接受英國《金融時報》訪問時表示，「中國大陸強力施壓，願意援助我們所需求。」包括COVID-19疫苗並企圖讓瓜地馬拉外交轉向，但瓜國未接受。他堅定的說，瓜國忠於中華民國是「原則問題」，而台灣是瓜國「唯一真正盟友」。二〇二二年六月二十二日在第七十五屆聯合國大會上他宣示「我只會承認一個中國，叫做中華民國。」二〇二三年三月三十一日，再度表示中華民國是一個主權獨立的國家，對瓜國來說是唯一且真正的國家。

中華民國政府與慈善民間組織在「普賢教育基金會」及「曹仲植基金會」合作下，連續三年捐贈輪椅及輔具給中美洲友邦瓜國。總統賈麥岱於二〇二三年七月五日親自主持捐贈儀式，他稱本人最能體會一台輪椅能帶來的舒適，這份捐贈意義重大，感謝「偉大的盟國中華民國。」今年度捐贈二貨櫃，共計二九四張成人輪椅、一五八張孩童輪椅及八四八件輔具。

瓜國總統賈麥岱，因有多發性硬化症而拄著拐杖，克服殘疾戮力從政的故事，振奮人心。駐瓜地馬拉大使鄭力城應邀出席捐贈儀式，鄭大使致詞表示，盼透過這些捐贈，協助瓜國弱勢族群，提升其生活品質。此外，我政府援贈一五六〇公噸人道米糧，正由瓜國「社會發展部」辦理發放作業，協助因應大雨災情及緩解長期缺糧情況。鄭大使強調，中華民國政府及人民珍視與瓜國情誼，願持續強化雙邊友好合作，為瓜國社會發展提供助力。

「自由貿易協定」（Free Trade Agreement）簡稱ＦＴＡ，是兩個或以上國家、區域貿易實體間所簽訂的貿易條約，目的在於促進經濟一體化，消除貿易壁壘（例如關稅、貿易配額和優先順序別），允許貨品與服務在國家間自由流動。這些協定夥伴國，會組成自由貿易區。來自協定夥伴國的貨物，可以獲得關稅減免優惠。無論在進口還是出口國，自由貿易協定均有助於簡化海關手續。當協議國間存在不公平貿易慣例時，自由貿易協定可以協助貿易商進行補救。

一般而言，ＦＴＡ中的章節包含（但不限於）：前言、總則／定義、貨品貿易、原產地規則、海關手續、衛生和植物檢疫辦法（ＳＰＳ）、技術性貿易壁壘（ＴＢＴ）、保護措施、電信、金融服務、投資、自然人／商務人員流動、競爭、政府採購、透明度、智慧財產權、貿易救濟、爭端解決、例外、最終條款。其餘的章節是雙方實際貿易需求而有所不同，例如電子商業、環境、教育、勞工等。

在ＦＴＡ潮流的影響下，選擇適宜市場洽簽ＦＴＡ，有利於我國經濟發展：

·強化我產品在國際市場之競爭優勢。

·促進國內經貿體制改革及與國際接軌。

·參與區域經濟整合，提升國際地位。

·改善投資環境，吸引外商來台投資。

·促進產業在國內深耕，創造就業機會。

台瓜自由貿易協定共二十一章，協定草案基本上係以台巴（巴拿馬）自由貿易協定為藍本，內容包括本文（含前言及二十一章）、協定附檔（分別為關稅調降表、原產地清單、投資與服務業清單）。另台瓜自由貿易協定除列有第十三章空運及第十四章海運專章外，另亦同時簽署雙邊空運及海運協定。台瓜自由貿易協定生效後，我國出口瓜國之產品計有三九六四項，立即享受免關稅待遇，我國亦對瓜國五六四九項貨品，給予免關稅優惠。其特性：

一、瓜國係中美洲第一大經濟體，居中美洲龍頭地位，台瓜ＦＴＡ具有指標性意義，亦能強化台瓜兩國邦誼。

二、台瓜ＦＴＡ具貿易擴張效果，嘉惠台瓜雙方業者，並可帶動投資成長。台灣——瓜地馬拉自由貿易協定於二〇〇六年七月一日生效。

二〇二〇年出口金額一億一二四二萬美元、進口金額七九一六萬美元。貿易總額一億九一五八萬美元。我主要出口項目：混合烷基苯及混合烷基萘、汽油、鋼鐵、衣服飾品、空氣泵等，主要進口項目：蔗糖、咖啡、冷凍蝦類、Ｔ恤、鐵廢料、菸葉等。我對瓜投資項目包括：製造業（速食麵工廠、果凍工廠、拉鍊加工廠）、商業（百貨、手工藝材料、電腦及零組件、汽機車零配件、ＬＥＤ燈及其他）、服務業（旅館、餐飲、汽車修理廠）、其他（農業種植、營建業——道路工程及社區住宅）。

第二節　瓜國成立「駐台商務參事處」

瓜地馬拉駐台大使館於二〇二二年元月二十一日上午舉辦「瓜地馬拉共和國駐台商務參事處」揭牌典禮，派駐新任商務參事薩尼克（Hugo Sanic）專責雙邊經貿事務。外交部長吳釗燮透過視訊致詞指出，這正是台瓜雙邊關係緊密的明證，更是台瓜互動的里程碑。瓜國外交部布羅洛部長則表示，台灣是瓜國最堅實的合作夥伴之一，台灣人民也喜愛瓜國咖啡，使台灣成瓜國主要的咖啡出口市場。

瓜國為台灣在中美洲邦交歷史最悠久的國家，駐台商務參事處為瓜國總統賈麥岱的重要倡議，瓜國今年還積極推廣「瓜地馬拉經貿網」，向有意前往投資的台灣企業提供市場環境資訊。薩尼克畢業於台大前台灣獎學金碩士生，他的任命本身即為台瓜密切合作的具體展現。長期深耕民間外交領域的台灣數位外交協會認為，本次同為中美洲邦交國的瓜地馬拉設立「駐台商務參事處」，是為穩固台瓜邦交與經貿關係的關鍵之舉。

瓜國駐台大使葛梅斯（Willy Alberto Gómez Tirado）指出，瓜國九〇年代經濟規模與鄰近國家（宏都拉斯、薩爾瓦多）相似，現已成長至鄰國的四倍。主要因瓜國經濟走向多元化，目前為中美洲第二多元的經濟體。二〇二〇年全球新冠疫情爆發，瓜國仍為拉美國家中經濟成長最高（GDP僅下滑百分之一），出口額達一一五億六二八〇萬美元，較二〇一九年出冂成長百分之三・五。台瓜雙方在經貿合作方面還有相當大的發展潛力。二〇一九年前瓜國對台灣輸出額僅五四〇〇萬美元，但二〇二一年對台出口額已達九一〇〇萬美元。台灣對瓜國的出口貿易額已翻倍成長，超過了兩億美元。葛梅斯大使很有信心的強調，瓜國具鄰近美國市場優勢，許多外商會選擇在瓜國設廠，再將商品輸往鄰近美加地區。因此，近年來瓜國政府大力經營「近岸外包」（Nearshoring），亦即企業將業務外包給在相同或相近時區的公司，除提供精簡透明化的公司設立程序，更推出單一窗口服務，盡量簡化外商至瓜國投資設廠的行政流程。此外，瓜國與許多國家及區域簽有自由貿易，且能源價格低廉，大使提及，為協助有意至中美洲邦交國經商投資的台商，我國政府會前往瓜國進行前導性商務探勘行程。

大使說明參事處二〇二一年就開始以不同策略在台推廣瓜國咖啡豆，並積極媒合雙方關鍵進出口商。疫情期間咖啡商無法飛至瓜國洽商，於是參事處改舉辦線上線下整合咖啡豆招商會（會前買家會收到實體咖啡豆樣品，台瓜商家則在線上會晤）。

除了咖啡豆，瓜國也計劃引進蝦類產品和其他農產品，近年也有台商洽談進口海產、菸草、檸檬、瓜果以及木瓜等。不過礙於現行法規，農產品僅能以冷凍食品方式進入台灣市場。紡織品在台灣市場從二〇二〇年二十萬美元成長至二〇二一年已逾一〇〇萬美元。瓜國不久將主辦拉美地區最大的紡織品大展VESTEX，參事處亦會協助有興趣前往看展的台商安排行程和媒合會。參事處並計劃在台成立三間咖啡店。這些咖啡店不僅販售當地咖啡，同時也是展售瓜國文化及其他產品的場地。大使希望有機會與台商合資經營這些咖啡店，再者很多台灣廠商已有進口瓜國產品，亦可在店內進行展售。二

○二二年年底，參事處在華山創意園區舉辦大展，展示瓜國美食、音樂、藝術等傳統文化，讓更多民眾認識瓜地馬拉，進而創造更多市場商機。

我駐瓜國大使館經濟參事處工作執掌為：

・執行台瓜自由貿易協定相關事項。
・推動雙邊貿易，協助瓜國產品出口至台灣。
・辦理榮邦計劃，推動我商來瓜投資。
・辦理與經貿相關之技術合作計劃，包括人員訓練、舉辦研討會。
・推動瓜國民間工商機構與我國內相關機構之合作關係。
・辦理外交部委託外貿協會參加在駐地舉辦之重要商展。
・邀請駐在國重要經貿官員及工商團體領袖訪台。
・協助台商赴瓜投資考察、排除貿易障礙並輔導台商協會活動。
・協調「國合會」派駐在瓜國「中美洲投資貿易服務團」業務進行相關經貿、投資及數位機位。

雙方貿易關係：

一、台瓜自由貿易協定於二○○五年九月二十二日由兩國總統簽署，經兩國國會通過，二○○六年七月一日正式生效實施，兩國自由貿易協定中以投資保障專章，推動國內業者赴瓜投資，我國廠商在瓜投資家數約六十九家，以中小企業為主，主要產業為製造美耐皿、速食麵、道路基礎建設、一般進出口業、旅館餐飲業及農業等。

二、歷年曾有運輸業、礦石探勘、能源產業、紡織業、食品加工業、農產業、化工業、銀行及咖啡業者赴瓜考察，促進雙方產業交流。

三、每年我國對外貿易發展協會均率廠商來瓜國參加全國商展，以及廠商來瓜國辦理貿易訪問團及投資採購訪問團。

瓜國總統賈麥岱於二〇二〇年元月十四日就任後，施政計劃「國家發展暨創新計劃」（Plan Nacional de Innovación y Desarrollo），其五大支柱如下：

一、經濟、競爭力與繁榮——包括創造工作機會、經濟成長率提高至百分之六、促進投資及出口、提高來瓜旅遊人數至三〇〇萬人及增加國民租稅負擔比率百分之五（目前為百分之十）等。

二、提升透明度——促進各級政府透明度以減少貪污、中央政府權力下放並與地方政府合作，有效運用政府預算及改善政府招標作業系統等。

三、社會發展——建立包含教育、醫療、營養及住房之社會保護網，以及窮人補助計劃，減少百分之十貧窮率。

四、提高政府治理及社會安全——改善維安及司法系統、增建新監獄及重整國家民警單位。

五、與世界連結——促進與台灣外交關係，同時亦加強與中國貿易關係，在美國及墨西哥增設領事館，以服務瓜國移民。

台瓜雙邊經貿關係：

一、我國出口值：

- 二〇二〇年——一億一二四二萬美元。
- 二〇二一年——二億三三二二萬美元。
- 二〇二二年——二億六七二二萬美元。
- 二〇二三年元至六月——一億四三九九萬美元。

二〇二二年瓜地馬拉為我第五十四大出口國，占我總出口百分之〇・〇六。

二、我國進口值：

- 二〇二〇年——七九一六萬美元。
- 二〇二一年——九一五八萬美元。
- 二〇二二年——一億四五〇八萬美元。

•二〇二三年元至六月——九〇一四萬美元。

二〇二二年瓜地馬拉為我第六十九大進口國，占我總進口百分之〇・〇三。

三、雙邊貿易總值：

•二〇二〇年——一億九一五八萬美元。

•二〇二一年——二億九四八〇萬美元。

•二〇二二年——四億一二三〇萬美元。

•二〇二三年元至六月——二億三四一四萬美元。

二〇二二年瓜地馬拉為我第六十五大貿易夥伴，占我總貿易額百分之〇・〇五。

四、主要出口項目——石油、混合烷基苯、聚苯乙烯、汽車零配件、空氣泵等（二〇二三年元至三月）。

五、主要進口項目——蔗糖、咖啡、鋼鐵廢料、T恤、白蝦等（二〇二三年元至三月）。

六、我對瓜國投資：

自一九五二年至二〇二二年，投資金額累計二三一八七萬美元。投資項目包括製造業、商業、服務業、農業種植及營建業等。

七、瓜國對我投資：

截至二〇二〇年十二月止，瓜商投資金額累計十二萬美元，主要為批發零售業、專業科學技術、服務業、製造業及資通訊業。

瓜地馬拉幣制為格查爾（ＧＴＱ），一美元＝七・五七，國內生產毛額九七八億美元，平均國民所得五六三七美元，經濟成長率百分之四，通貨膨脹率百分之九・二四，失業率百分之三，外債二九六億七三六萬美元，上述均以二〇二二年底計算。

第三節　以農援外推動實質外交

台灣自一九五九年首派駐越南農技團至今已有六十多年之歷史，在此期間歷經機構演變，合作地區與國家擴增、合作項目增加，乃至於技術團隊整併等，然而國際農業合作一項發展迄今仍是我國對外援助工作最重要的一環，其資源分配超過五成，主要係因與我合作之友邦國家農業在其ＧＤＴ之佔比仍高，對各國經濟發展扮演相當之角色，因此，我國之國際農業合作是順應此種事實在執行。在六十多年援外農業合作之執行上，曾經締造一些耐人尋味之輝煌成果，在非洲地區之糧食安全計劃、在拉丁美洲與加勒比海地區農業價值鏈規劃以及亞太地區農企業合作計劃等，均受到國際上之肯定。由於農業科技日新月異，展望未來，本項合作模式亦必須與時俱進，除加強人才培育建立完整援外人才庫，加強新科技之運用，如精準農業、遙測技術、大數據、區塊鏈及人工智慧（AI）之推動等，並掌握援外發展趨勢，符合永續發展目標之執行，讓我國之援外國際農業合作得以永續經營。

我國一九五九年首派農業技術人員赴越南，開啟農技援外之先河，其主要任務在協助越南從事農田水利、作物改良、農漁會組織、農村建設以及土地改革等，發展至今，期間歷經機構的演變，包括一九六一年設立先鋒案執行小組，一九六二年中非技術合作委員會，一九七二年海外技術合作委員會（海外會），一九八九年海外經濟合作基金管理委員會（海合會），嗣後於一九九五年十二月經立法院三讀通過《財團法人國際合作發展基金會設置條例》，海外會及海合會分別裁撤後，於一九九六年七月一日正式設立「財團法人國際合作發展基金會」（國合會）。合作的國家及地區自越南之後，於一九六一年十一月依據先鋒案計劃派遣駐賴比瑞亞農耕隊，這是我國第一個派至非洲的農業技術團隊，我曾與賴比瑞亞、利比亞、貝林、象牙海岸、衣索比亞等二十九個非洲國家有技術合作關係；一九六三年十一月派遣駐多明尼加農技團從事稻作之育種工作，為我國在拉丁美洲暨加勒比海地區首派之技術團，自此我國之對外技術合作由非洲地區擴展至拉丁美洲、亞西（中東）、亞洲與太平洋及東加勒比海地區等；有關駐外技術團隊之名稱，一九八五年以前，在非洲均稱為「農耕隊」，在拉美及亞太地區稱為「農業技術團」（農技團），自一九八五年後，技術團隊改為「農技團」、「漁技團」、「醫療團」、「手工藝團」等型態，並自一九九九年除「醫療團」外，以「一個國家一個團」之原則下進行整併，統稱為「技術團」；合作項目亦由農藝、園藝、衛生醫療、漁業與水產養殖、竹工藝、畜牧、獸醫、森林等擴大至中小企業、財務經濟、資通訊、環境及能源等；在農業技術之發展歷程方面，由初期的糧食作物（水稻、玉米、樹薯、甘藷及豆類等）生產，擴增至園藝作物（蔬菜、熱帶水果、花卉）、畜牧（養豬、養雞、養鴨、養羊、養牛等）、水產養殖（吳郭魚、虱目魚、石斑魚、太平洋白蝦、草蝦、淡水長臂大蝦等）之生產、推廣（引進新品種、提供農民技術訓練及加強能力建構等），食品加工（果汁、果醬、果乾製造及肉品加工等）、市場行銷（協助駐在國農產品內外銷市場規劃、籌組農民產銷班產品直銷當地批發市場與超級市場等），乃至引進現代化農業科技，例如引入地理資訊系統（Geographic Information System, GIS）科技協助合作國家進行天災防治決策、國土變遷管理，以及自然資源永續利用，以病蟲害綜合管理技術協助防治柑橘黃龍病（ＨＬＢ），以高端園藝技術來協助蘭花及其他花卉之生產，運用無人機協助強化農噴工作效能及資訊監控以及大數據與精準農業之運用，均係配合外交之前提下，依據合作國家之需求與時俱進，協助友邦國家經濟發展及人民福祉。

我政府自二〇〇五年起與瓜國農牧部與北碇（Petén）省自由市（La Libertad）政府合作執行「瓜地馬拉外銷蔬果計劃」，基地面積達一〇〇公頃，種植台農一號木瓜，組織木瓜產銷班，輔導農民種植技術，設立木瓜包裝場。協助開發美國木瓜外銷市場，並藉由北碇省地中海果實蠅非疫區之優勢，水果可以不經溫湯或是燻蒸處理而直接外銷美國。截至二〇一四年移交瓜國時，每年約可外銷三〇〇萬箱，銷售額達到二四〇萬美元，帶動北碇地區木瓜栽種面積達二〇〇〇公頃，建立瓜國木瓜外銷產業。

我國於一九七四年十一月派遣駐宏都拉斯漁技團，係我國第一支以協助駐在國發展水產養殖為主題的技術團隊，以推動海蝦繁殖示範推廣為工作重點，而後以水產養殖為重心的漁技團，陸續進駐哥倫比亞與哥斯大黎加，協助項目更擴及航海、輪機等航海技術訓練、舢板推廣及漁場調查等。另「國合會」在瓜地馬拉等國已執行完成及執行中之水產養殖計劃，均係在協助駐在國人民取得優質蛋白質來源，平衡營養攝取，以解決營養不均衡問題。

畜牧業提供人類所需肉類（牛、羊、豬、雞肉），奶類（全脂牛奶、脫脂牛奶等）、蛋及起司等蛋白質的來源。「國合會」在海外所執行畜牧計劃，主要以養豬與養雞為主，係因該兩項技術均是我國強項，其次為養牛及養羊，我國歷年來在瓜地馬拉等國均有養豬計劃。

柑橘產業係中美洲國家重要經濟支柱之一，本計劃旨在協助瓜地馬拉等五個疫區國家之病害防治能力，並預防黃龍病侵入。經評估後，倘黃龍病繼續蔓延，OIRSA 轄區之柑橘產值損失可能高達約十億美元，連帶使該地區經濟受到衝擊。另中美洲地區國家之國土毗鄰，宜有一套「區域性」之防治策略。而我國已具六十多年黃龍病病害防治之經驗，OIRSA 爰尋求我方協助，雙方於二〇一二年十二月十一日簽署「加強中美洲農牧保健組織（OIRSA）轄區柑橘黃龍病（ＨＬＢ）防治及落實病蟲害綜合管理（ＩＰＭ）計劃」合作備忘錄，進而確保該轄區各受益國家柑橘相關產業之品質及產量（能）。本計劃於二〇一七年結束，對於黃龍病防治為美洲地區建立甚以為傲的典範。

「國合會」為充分結合我國科技優勢以提升援外計劃效益，於二〇二〇年五月與國家實驗研究院簽署備忘錄，強化我國創新研發技術應用於國際發展領域，經與「國研院」持續共同評估具體合作主體，擬以國家太空中心研發之「數據方塊（data cube）」資料整合我國福衛五號（FormosaT-5）及開源衛星哨兵二號（Sentinel-2）之多元（時）圖資，經整合運算與分析，產製「便於利用（Ready-to-use）」之數據構型，用以協助中美洲瓜地馬拉等四國監控大面積植物病害「香蕉黃葉病」，以減少疫病造成之重大經濟作物損失。

一九七一年十二月二十二日中瓜雙方簽定「中瓜農技合作協定」並派五至八位農業專家組成農技團赴瓜國，效期二年。一九七四年十二月四日，我覆照同意延長協定效期二年。一九七七年二月一日，中瓜雙方再簽定「中瓜農技合作新協定」。一九八一年九月二十二日，中瓜雙方復簽訂「中瓜農技合作協定附加議定書」。一九八五年九月十九日中瓜雙方又簽「中瓜農技合作新協定」，增訂海岸資源調查、農產品加工等項目，效期五年。一九九〇年十月三十一日中瓜雙方又簽「中瓜農技合作新協定」效期五年。屆滿後自動逐次展延五年。一九七三年二月，我方依協定派七人農技團赴瓜，團部設於瓜地馬拉城，從事稻作、蔬菜栽培、養豬及養魚等示範工作。一九七五年五月，團部遷至拉馬金城（LA MAZATENANGO）。一九七九年十一月，在北部 LA GASAS 增設分團並增派三人辦理農漁牧綜合經營示範工作。一九八〇年五月，團部復遷回瓜地馬拉城，並陸續派遣各計劃執行人員赴任。

為推動國內經商人士前往中美洲投資之需要，「國合會」依據行政院經建會「促進對中美洲投資工作要領」草案會議建議，於瓜地馬拉成立中美洲投資貿易服務團。「國合會」於一九九九年七月一日派遣團長一人先行抵達瓜國，團部於一九九九年十二月一日在瓜地馬拉城正式設立，成員包括團長及專家各一名。設團協議因中瓜雙方政府前後受大選影響，遲至二〇〇〇年十月十八日正式簽署。另外如瓜國運用醫療科技提升孕產婦與新生兒保健功能計劃、瓜國強化玉米生產韌性計劃、中美洲區域香蕉黃葉病防治計劃、友邦及友好國家專業華語教師遴派、海外投資開發股份有限公司等多項加強合作案，均陸續進行完成。

第四節　總統蔡英文「民主夥伴共榮之旅」

蔡英文總統「民主夥伴共榮之旅」於瓜國當地時間二〇二三年三月三十一日晚間（台北時間四月一日上午），參加瓜國軍禮歡迎儀式，並與賈麥岱總統進行會談暨見證兩國外長簽署協定，會後對媒體發表談話。

訪團一行抵達國立文化宮後，總統賈麥岱、外交部長步卡羅（Mario Búcaro）及駐台大使巴迪亞（Oscar Adolfo Padilla Lam）等人，以盛大軍禮儀式歡迎我國訪團，在演奏兩國國歌後，兩國元首共同校閱儀隊，介紹瓜國閣員及我方專員。接著，蔡總統與賈麥岱進行雙邊會談暨見證兩國外長簽署「台瓜基本合作協定」。

會後，兩國元首對媒體發表談話。蔡總統致詞時表示，在她來到瓜國之前，得知墨西哥移民中心火災意外事件，感到十分沈重不捨，在此她要向受難者和家屬表達最深的哀悼。

蔡總統說，今天再次訪問瓜國，她要代表中華民國政府和人民，向賈麥岱總統及所有的瓜國朋友致上誠摯的問候。上次她來瓜國訪問是在二〇一七年。今天，當飛機緩緩降落時，看到記憶中壯麗的火山和湖泊，美景依舊，讓人無限懷念。她說，過去幾年來，台瓜都有許多的進步和改變。瓜國在賈麥岱總統領導下，越來越繁榮發展。當全球經濟受到疫情衝擊，二〇二一年瓜國的經濟成長了百分之七・五；上個月，「惠譽國際」更將瓜國評為中美洲經濟復甦最快的國家，令人欽佩。瓜國是台灣堅實的友邦，這幾年來，兩國在醫衛、經貿以及基礎建設等領域，持續深化合作。剛才她與賈麥岱總統共同見證兩國簽署「台瓜基本合作協定」，為雙方技術合作交流開創更多元、嶄新的面貌。不僅如此，在疫情期間，兩國相互合作，僅用短短十八個月的時間，完成設計、興建齊瑪德南戈（Chimaltenango）公立醫院，並且落成啟用。在過程中，也為瓜國帶來經濟成長和就業機會。

蔡總統強調，台灣和瓜國是共享自由、人權等價值的民主夥伴。賈麥岱總統多次公開向國際社會表達支持烏克蘭，甚至親赴烏克蘭前線，以具體行動展現追求國際和平的理念。她說去年，當中國對台灣進行軍演，瓜國在第一時間挺身而出，為台灣仗義執言。在國際場合，賈麥岱總統也透過致函、發言等多種方式，支持台灣的國際參與。

蔡總統指出，過去，賈麥岱總統曾用一段話，形容台灣和瓜國的關係。他說「所謂友誼，就是不離不棄，同甘共苦」。對這段話，她深有同感，能在困難中互相伸出援手，就是真正的朋友。他對台灣的情誼，令我們非常感動，也非常感謝瓜國對台灣的支持。相信民主夥伴團結合作，一定可以強化韌性，共同克服各項挑戰。我們期盼，兩國在堅實的合作基礎上，持續攜手努力，創造雙贏發展。

賈麥岱總統致詞時表示，在世界局勢動盪的今天，蔡總統及訪團的到訪，向全世界傳達團結、互助、合作與希望的訊息。台瓜兩國是策略夥伴關係，我們努力不懈捍衛國際法的基本原則，推動以對話和協商來解決爭端，並攜手努力達成人民對自由、繁榮、發展，以及對主權完整的渴望。

他認為，蔡總統此行來訪，讓瓜國政府有機會重申對中華民國的支持，並為兩國邦誼注入新的活力，同時也再一次肯定台灣是一個主權獨立、且與瓜國共同分享民主價值的國家。他表示，中華民國的經濟模式也向世界證明，透過創新勤奮的工作，可以創造令人稱羨的經濟成長及科技的發展。台灣的韌性也向全世界展現克服全球性挑戰的能力，特別是在致力於台灣海峽區域、甚至全世界和平、穩定的努力。他再次歡迎訪團成員來到瓜國，並祝福台灣在蔡總統的領導下，成為民主夥伴國家的最佳榜樣。謝謝蔡總統的到訪，謝謝訪團，瓜地馬拉是你們的家！

蔡總統在四月二日出席瓜國新建齊瑪德南戈醫院贈交儀式致詞時表示，期盼醫院啟用後，能成為瓜國人民健康的重要守護者，台灣會秉持「踏實外交、互惠互助」目標，支持友邦長期、實質的發展，繼續和國際民主夥伴相互合作。

醫生出身的總統賈麥岱致詞強調，這間醫院實屬工程壯舉，將可為社區民眾提供無價的醫療資源跟照顧，他特別感謝台灣政府慷慨提供設計藍圖，不僅興建了這間醫院，且未來也可陸續興建其他醫療院所。

齊瑪德南戈醫院位於瓜國中部戰略要地齊瑪德南戈省，屬台瓜兩國合作共同推動的旗艦型計劃，儘管受 COVID-19（嚴重特殊傳染性肺炎、新冠肺炎、武漢肺炎）疫情影響，但醫院僅耗時十八個月興建、於二〇二三年二月完工。

兩國總統共同出席醫院贈交儀式，由蔡總統將醫院模型、醫院紀念幣、國軍紀念套幣贈送給賈麥岱，並邀請與會貴賓一起參觀醫院相關設備與新生兒中心等設施；醫院預計可提供本地七十二萬居民及周邊五省，合計超過二〇〇萬居民更好的醫療照護服務。

蔡總統表示，一間大型醫院從平地而起很不容易，過去十八個月來，從實體建物的整地、打樁、磚瓦建造，直到十五項就診科別規劃，以及設置三四〇張病床；這些大大小小的工作，全都仰賴所有參與夥伴齊心投入、努力付出。蔡總統感謝賈麥岱領導的瓜國政府團隊及所有來自台灣的工作夥伴，並說聲「大家都辛苦了！」她強調，這是一項非常有意義的建設，運用在地建築材料、人力、以及台灣的經驗和技術，同時帶動周邊經濟發展，更創造許多就業機會。

第五節　瓜國前總統賈麥岱立法院演說

繼以軍禮歡迎瓜地馬拉共和國總統賈麥岱後，蔡英文總統於二〇二三年四月二十五日午間偕同賴清德副總統，在總統府贈勳暨國宴宴請賈麥岱總統。總統感謝賈麥岱總統支持，讓台瓜兩國一起走過疫情的挑戰，並在各領域持續深化合作，為兩國人民創造更多的福祉。贈勳典禮中，總統親為賈麥岱總統配掛「采玉大勳章」。隨後致詞表示，記得幾週前，她再次走進瓜國「國立文化宮」，在二〇一七年同樣訪問的場地，接受賈總統頒贈勳章，她覺得非常感動。今天賈總統再次來到總統府，相信也會感到很熟悉，勾起許多回憶。

蔡總統說，她代表中華民國台灣人民，頒贈賈總統，最高榮譽的「采玉大勳章」，來彰顯賈總統對兩國邦誼的貢獻，以及表達我們最深切的感謝。總統指出，過去幾年來，在賈總統的支持之下，兩國一起走過疫情的挑戰，也在經貿、公衛醫療及文化教育等各領域持續深化合作，為兩國人民創造更多福祉。賈總統對台灣的友誼，讓台灣人民非常感動。這個月初，在她訪問瓜國的最後一個行程上，賈總統說，我們像是帶走「瓜地馬拉人民一部分的心」；這一次，她也希望賈總統和所有訪團朋友，這幾天能夠感受到台灣溫暖的風土人情，大家都能把一部分的心留在台灣。總統再次歡迎瓜國好朋友來到台灣，並祝福賈總統政躬康泰，兩國國運昌隆、邦誼歷久彌新。

隨後，賈總統致詞時表示，他記得上一次來訪台是四年前，當時他是以總統當選人的身分，與台灣開啟雙邊友誼的新頁，此一嶄新階段就是奠定在台瓜兩國長達九十年密切、友好，以及相互合作的邦交基礎之上。台瓜邦誼建立於彼此相互尊重、扶持、捍衛國家主權、追求民主等信仰之上，同時也是為了讓政府施政能更加貼近兩國人民的福祉與需要。今天，他再度回到台灣，這份貼近台灣的心情不變，更要重申兩國休戚與共的明確訊息，並且支持中華民國主權，以及領土完整的承諾。

賈總統說，蔡總統也曾兩次赴瓜國進行國是訪問，展現對瓜國的情誼。他很榮幸能夠親自接待蔡總統，並主持兩國政府雙邊的工作對話。這些年來，我們親眼目睹雙邊關係充滿活力與行動力，沒有花俏的外交辭令，而是積極、穩健、長久的外交互動，以及廣泛的合作交流。台瓜兩國在經貿交流方面也持續穩健成長，同時有越來越多雙邊學術合作，投入有利社會經濟發展與創造工作就業機會，以促進瓜國的國家發展。他期盼，足以為世界典範的兄弟之邦——台灣，在經濟、社會，以及科技創新成就方面也能不斷茁壯，並且更加繁榮。最後，賈總統說，今天能夠獲得蔡總統頒贈「采玉大勳章」，他深感光榮，而這份榮耀象徵兩國團結齊心的邦誼，歷久彌堅，堅不可破，並呼喊「自由主權、民主的台灣萬歲！」包括總統府秘書長林佳龍、國安會秘書長顧立雄、立法院院長游錫堃、外交部長吳釗燮、我駐瓜國大使曹立傑、及瓜國國會議長李薇拉（Shirley Joanna Rivera Zaldaña）、外交部長步卡羅（Mario Adolfo Búcaro Flores）、駐台大使巴迪亞（Oscar Adolfo Padilla Lam）等亦出席是項國宴。

瓜地馬拉總統在立法院演說，重申台瓜邦交「長遠珍貴、堅若磐石」：

瓜國總統賈麥岱，於四月二十五日上午在瓜國議長李薇拉等人陪同下，前往立法院發表演說，並獲頒國會榮譽勳章。由於賈總統是立法院睽違十三年來再度有國家元首到議場演說，更是首度有國會議長陪同蒞臨，特別受到重視，立法院為了避免腳部不適的賈總統走太多的路及爬太多的階梯，設法讓他座車破例直接開到議場前大門口。作為台灣在中美洲唯一且最堅定的友邦，他在演說中重申台瓜兩國邦交長遠、珍貴且堅若磐石，也希望兩國持續強化經貿合作，呼籲世界各國支持中華民國。

上午十時十分左右，賈總統的車隊從立法院青島東路側門進入，沿著狹窄的廊道緩緩駛入立法院中庭，他下車後拄著拐杖，在立法院長游錫堃陪同下，緩步走上紅地毯，在朝野立委與立法院員工的掌聲中進入立法院議場。由於朝野立委們見到他不辭辛勞，特地來到台灣，給予最高度的熱情歡迎，幾乎每一位立委都希望能與他單獨合影留念，因此他光是從議場大門，走到座位區，就花了將近三十分鐘。游院長致詞開始就以肝膽相照來稱呼遠道來訪的他與一行人，而在場全體立委與職員見到他抵達也相當熱情，歡呼聲與掌聲不絕於耳。

在賈總統蒞臨院會演講之前，游院長致歡迎詞，表示台灣和瓜國一九三〇年代建交迄今，已近一個世紀，瓜國是台灣在中美洲最重要的友邦之一。兩國共享民主自由的價值，也持續在各領域深化合作。自從二〇〇六年「台瓜自由貿易協定」生效以來，兩國的雙邊經貿往來有長足的進展。即便是疫情期間，瓜國對台灣的出口仍呈現上升趨勢，瓜國優質的產品，包括海鮮、咖啡和冷凍酪梨等等，都深受台灣人民的喜愛。在步入後疫情時代之際，台灣將持續和瓜國在各領域深度合作，為雙邊的人民創造更多的福祉。游院長還說，賈總統去年前往烏克蘭前線訪問，以具體行動表達對和平的支持與對威權侵略的譴責，令人敬佩。賈總統於二〇二〇年就職總統後，分別以致函、執言及提案等具體行動，支持我國參與聯合國體系，包括「世界衛生大會」（ＷＨＡ）、「聯合國氣候變化綱要公約」（UNFCCC）及「國際民航組織」（ICAO）等功能性國際組織，在國際上多次仗義挺台，令人感動。而本月蔡總統訪問瓜國，受到賈總統熱情接待，本人也藉此代表台灣國會表達崇高的敬意與感謝。

賈總統接著演說，此次盛情邀約，也感謝有機會在立法院談話，再次顯示中華民國對瓜國的重視。對於這份情誼，他表示在二〇一九年十月以總統當選人身份訪台時，就表示台瓜兩國將會是長期合作夥伴，今天自己站在這裡，就是證明這個事實。世界上再也沒有比這個更堅定的情誼了。台瓜兩國作為長期的戰略夥伴，再度重申其信念，這幾十年來，台瓜兩國維持深遠的關係，不僅在外交關係或是官方層級的互動，更透過合作與交流，促進兩國人民的互信及友誼。賈總統堅定的指出，由於瓜國是崇尚和平的國家，他要求立即終止戰爭的號角，終結此地區及世界其他地區的敵對與戰爭，這些地區的人民因為武裝衝突而活在恐懼與不安中，這些問題皆是威權主義、野心和拒絕以對話來解決分歧所導致的結果，這不是解決問題的正途。

賈總統也說，本人非常自豪地重申，瓜國作為中華民國在中美洲唯一友邦的堅定立場。同時，瓜國也是該區域最大且最穩健的經濟體。這三年多來，瓜國政府藉由瓜國總體經濟前所未有的穩定性，致力推動「近岸生產策略」，並將瓜國打造為第一流投資重鎮。在行政、立法部門及民間企業的通力合作下，我們強化此項策略，制訂並通過新的法律，為投資者提供更便利的商業環境與司法保障。今年「惠譽國際」及「標準普爾」兩家國際機構分別對瓜國評鑑訪問後，已經將瓜國信用風險評級提高至ＢＢ等級，且未來展望為穩定。以上成果皆歸功於瓜國正確的總體經濟策略，以及審慎的財政政策及資金管理。這些政策建立在真實且可衡量的基礎上，為瓜國的經濟信譽奠定了穩固的基礎。

賈總統進一步說明，在與台灣緊密的經貿關係中，瓜國重視且協助「遠東新世紀公司」，該企業正在評估赴瓜國進行投資，另外也有企業準備前往瓜國，針對當地最大的台商公司 LAKYMEN 進行考察。現在兩國正在著手準備簽訂一份近岸生產投資備忘錄，以吸引台灣企業到瓜國投資。今年三月，瓜國政府接待了中華民國對外貿易發展協會籌組的「拓銷團」到瓜國當地考察商機，親歷見證瓜國的經濟發展。而瓜國經濟部將籌組商機「考察團」到台灣訪問，向台灣介紹瓜國投資環境的優勢，以及「瓜國持續向前計劃」。這些強化雙邊蓬勃經貿關係的行動，於今年三月三十一日到四月二日蔡總統成果豐碩的國是訪問中，也獲得肯定。

瓜國與中華民國之間的合作領域廣泛且多元，包括基礎建設、農業、教育、醫療、通訊科技、輔導中小企業、安全、交通、文化以及機構強化等項目。據統計，二〇一三年至二〇二一年期間，中華民國對瓜國提供了將近九〇〇〇萬美元的合作援助。過去十五年以來，台灣為瓜國學子提供獎學金，供他們攻讀學士、碩士和博士學位，對此，瓜國非常感謝，因為這些獎學金提升瓜國的人才培訓及專業技能。這些學子同時也是台灣在瓜國的「學術大使」。此外，在台灣對瓜國在醫療方面的援助方面，他特別提到他在執政時期推動的指標性工程計劃，例如興建 Chimaltenango 省的公立醫院，這所醫院是目前公認中美洲區域最好的醫療機構，台灣也協助推動位在瓜地馬拉首都 San Juan de Dios 醫院新生兒大樓的現代化，這只是其中的兩個主要項目。

最後，賈總統呼籲，讓聲音傳向全世界，當其他國家隨著局勢轉向時，瓜國仍然堅定不移。當其他國家扭曲正確觀念時，瓜國仍然堅定不移。因為這攸關正義，攸關各位的權利；長久的情份，再也沒有比這個更堅若磐石的情誼！台灣萬歲！自由民主的台灣萬歲！今天陪同賈總統訪問立法院的還有瓜國國會議長李薇拉、外交部長步卡羅、財政部長馬丁內斯、農牧部長德雷翁、經濟部長羅薩雷斯及瓜國駐台大使巴迪亞。

第四章　作者派駐瓜國膺任團長

第一節　郝總長召見面試

一九八四年三月十六日，原馬防部司令官趙萬富中將，接奉總長郝柏村密電，指令作者（政戰部上校副主任）儘快返台總長召見。三月二十六日在國防部聯二次長趙知遠中將引領下晉見總長。趙次長預先告知過作者，總長先前已約見另一人選，惟面試未通過，提示作者應對要領，本人自忖曾經在越南與高棉（現稱柬埔寨）兩個國家，有實務工作經驗，歷經戰地洗禮，當可「輕騎」過關。面談約四十分鐘光景，總長除嘉勉作者在前線的表現，另垂詢三點：「一是馬祖地區軍民關係？二是官兵精神士氣？三是會不會西文？」作者據實回答：「馬祖在司令官領導之下，軍愛民、民敬軍、軍民相處十分融洽；官兵加強戰備整備，精勤訓練，嚴守軍紀，軍心士氣昂揚；本人曾經在軍官外語學校，英文儲訓班畢業，會話還可以，至於西文從未修習。」總長頷首，面露笑容，不像平素巡視部隊時的嚴肅。總長語氣溫和接著說：「瓜地馬拉政府頻頻來電，邀請國防部派遣顧問團前往協助。除日常工作外，你要入境隨俗，利用工作餘暇學習西文。有任何困難問題，直接向趙次長反映。」

四月二日接到總政戰部政一處黃家瑾少將處長電話，囑作者三天內向主任許歷農上將作簡報。時間緊湊，為了簡報內容構思，整整花了一天一夜的功夫撰寫。四月五日上午九時在總政戰部會議室向許上將簡報，內容分為：壹、前言。貳、瓜國情勢分析。參、工作指導與構想。肆、「遠明班」瓜國學員受訓概況。伍、建議事項。陸、結論。簡報完畢，許上將隨即指示四點：「一、要注重團員人身安全，避免單獨行動。二、促進中瓜彼此邦誼。三、隨時保持顧問良好風度，不驕不躁，不卑不亢（註）。四、定期回報工作情形。

本團奉核定正式名稱為「國軍援瓜軍事顧問團」，作者擔任團長，團員有嚴昭慶上校、陳育央中校、梁志明中校、邱錦健少校與汪成一少校等五位軍中優秀幹部。出發前兩天，趙次長設宴為全團餞行，每位團員偕太座參加，場面溫馨感人。席上趙次長懇切叮嚀同仁：「集體行動、安全守分，多寫信回家，免得家人掛念。」酒過三巡，作者起身代表全團特別感謝趙次長多方關照，保證達成上級賦予的任務！

在瓜國政府頻次來電希望顧問團早日前往，我們六人於同年四月十二日，從中正（桃園）國際機場啟程，經洛杉磯再轉搭瓜航，於十六日晚抵達首都瓜地馬拉城的拉奧羅拉國際機場，受到瓜國軍事發言人多明格（Dominguez）等要員熱烈而誠摯的歡迎。在多明格陪伴共搭禮賓車，約三十分鐘車程，安排我們入住國防大學（Centro de Estudios Militares）貴賓宿舍。我們兩人一室，房間整潔舒適。瓜國為便於顧問團之工作，提供乙部車輛及一位上尉連絡官兼護衛之安全，另外有一位小姐負責宿舍內外之清掃與房間之整理。我們三餐設在軍官餐廳貴賓席，每當學官入廳用膳時，都先向顧問團桌席的我們行「敬禮」後，依序魚貫進入安排好的餐桌共餐。學官清一色年輕、活力，精神飽滿，足見國防大學對軍紀人格要求之嚴明。作者每天清晨在運動場跑步之際，同樣看到學官也整隊在跑步，和國軍軍事院校類似，邊跑邊喊，目的無非在鍛鍊堅強體魄，保持高昂士氣，以震撼人心！「跑步」是最基本的操練，個人體能超越，才能促進團隊茁壯、勇邁而虎虎生威，樹立鋼鐵般的意志。

十七日起，由我國駐瓜國大使館桂務勇上校武官，陪同晉見元首梅希亞（Gral. Oscar Humberto Mejia Victores）將軍，參謀總長兼副元首羅勒斯（Lobos）准將、副部長、副參謀總長及拜會聯三、五處長、軍校、國防大學校長、軍區司令等軍方首長，交換反共經驗及時局看法，彼此晤談中珍惜邦誼之彌篤。咸認本團之蒞臨，協助瓜國在剿滅左派游擊隊會有所助益。

・**郝柏村**（一九一九年八月八日——二〇二〇年三月三十日），字伯春。出生於江蘇省鹽城縣郝榮村。中華民國軍事將領、政治人物。曾任第一屆中國國民黨副主席、第十六至二十屆中央評議委員會主席團主席、第十三任行政院院長。陸軍一級上將。曾獲頒卿雲勳章、青天白日勳章、雲麾勳章與虎字榮譽旗。

郝柏村畢業於陸軍軍官學校十二期砲兵科，於抗日戰爭時擔任國民革命軍基層官兵、參加中國遠征軍開赴緬甸戰場。政府遷台後，在「八二三」砲戰時擔任最前線小金門陸軍步兵第九師師長，曾赴美國陸軍指參學院特別班第一期留學深造，為中華民國國軍留美將領之一，也是在位最久的參謀總長，退伍後歷任國防部部長、行政院長。是繼陳誠以後，第二位曾任參謀總長的行政院院長。向來被稱為「軍事強人」，軍旅生涯達半個世紀。郝以反共急先鋒自居，支持三民主義統一中國，反對中華人民共和國的政權合法性，並呼籲中國共產黨承認中華民國國民政府抗日戰爭的主要領導地位。二〇一七年，以九十八歲的年齡改信基督新教，並於同年十二月三十一日接受洗禮。二〇二〇年三月三十日下午，因多重器官衰竭於台北市內湖三軍總醫院離世，享嵩壽一〇〇歲。四月十日，政府以一級上將軍禮，安葬五指山國軍示範公墓特勳區。總統蔡英文代表政府頒贈褒揚令，褒揚令全文為：

行政院前院長、陸軍一級上將郝柏村，謇正剛介，瑋異嶔崎。少歲四郊多壘，標志鵬摶，卒業陸軍軍官學校；嗣赴台、美軍事院校高級班深究，兵棋繕甲，錚錚有名。抗戰烽起，歷預廣州、皖南青陽、印緬新平洋等會戰，負弩前驅，應敵匡攘；戡亂禍興，與參豫北、東北遼河、盤古台等諸役，搴旗奮旅，魯陽回日。復於「八二三」砲戰中，銜命率部戍守巖疆，身當矢石，槊血滿袖，粉碎赤氛進犯意圖。迭任陸軍總司令、參謀總長暨國防部部長等要職，躬自擘劃漢光演習，厚植現代化防衛體系；推動戰機戎艦國造，開展尖端武器研發，三略六奇，坐揮遙制；運帷謨遠，船驥是託。尤以接掌行政院期間，行施戶警分隸軌度，力促規慮全民健保，解除金馬戰地政務，籌決國建六年計劃，提升公共工程品質，出領虎符，入執廟議；論道經邦，百緒紛陳。曾獲頒一等雲麾暨青天白日勳章等殊榮，丹魄芳烈，燕然山銘。綜觀生平，臨軍門見其亮藎干城，主揆樞則成訏猷懋績，衣冠盛事，貽範今古。遽聞上壽告殂，曷勝軫悼，應予明令褒揚，用示政府崇禮忠勛之至意。

新加坡總理李顯龍在其臉書發文悼念郝柏村，讚揚他對台灣、兩岸關係和星台關係做出許多貢獻，並稱他將被銘記為「新加坡的好朋友（Dear friend）」。與郝柏村多年敵對的前民進黨主席施明德，稱讚郝柏村反共，是「真正的中華民國派將軍」，對其保衛台海安全極為讚許。

郝總長平日重視部隊體能訓練，在他擔任陸軍總司令時，每年都舉辦「陸軍運動大會」。在龍潭大漢營區，他以身作則，率各署處官兵帶頭跑步。作者於一九八九年至一九九三年在母校政戰學校擔任教務長和副校長期間，郝總長不時前往「復興崗」標準泳池游泳。每次他都獨來獨往，沒有侍從陪伴，亦未事先通報，也不使喚下屬的我們替他準備泳具。作者在池畔觀看多次，每次游四、五十分鐘，全程皆以「抬頭蛙」行之，游畢毫無倦容，氣色紅潤。

·**趙萬富**（一九二八年三月十一日——二〇一六年二月二十八日），原名子健，字萬富，以字行，別號萬福，雲南鎮南（今楚雄彝族自治州南華縣）人。一九四四年畢業於雲南省六鎮南師範學校，時值抗日戰爭，乃投考陸軍官校二十一期步科，於一九四七年九月畢業。後入陸軍步校初級班十三期、運輸學校初級班四期、陸軍步校高級班五十三期、陸軍參大召訓班一期、政戰學校語文中心英語會話班十五期、三軍大學戰爭學院將官召訓班六十八年班及兵研所七十七年班。一九四八年十二月，任八十七軍少尉排長，銜命參加「冀東保衛戰」及「塘大保衛戰」。一九四九年十一月任中尉副連長，駐防舟山群島，參加「登步島」戰役。一九五二年七月，調第九師上尉連長。一九五八年，戍守金門，參加「八二三」砲戰，期間任少校運輸官，並獲選為第九屆「國軍戰鬥英雄」。翌年元旦，蒙總統蔣中正召見。一九六三年四月，調師第二十五團一營營長，榮獲「毋忘在莒」忠勤模範營及優秀幹部。

一九六九年三月，調第九師二十六團上校團長；七月，陸嘉案調第六十九師旅長。一九七一年元旦再度受蔣總統召見；七月調第十九師師長，移駐金門，任金東守備任務。一九七七年五月，調陸軍訓練作戰發展司令部參謀長，因陸軍「崑崙案」改編為第八軍團參謀長。一九八〇年元旦，調第三十二軍軍長。一九八一年元旦，晉升陸軍中將；十一月，調第二十一軍軍長兼馬防部司令官及馬祖戰地政務委員會主委，完成南竿、北竿地下化醫院工程，興建直升機起降場及擴建機坪。一九八三年完成馬祖福沃碼頭擴建。一九八四年七月調第十軍團司令，戮力步、裝、砲、化、工、通、憲等部隊基地訓練與測驗，完成成功嶺靶場、將軍山訓練場地等工程整建。一九八五年十二月，任金防部司令官，整建據點作戰工程，構築防區通信網路，建立通訊系統，提高指揮效能，構建市區擴充電話線磚埋設工程，完成水頭碼頭延伸、田墩、尚義海堤整建等民生建設。一九八六年元月一日晉升陸軍二級上將。

一九八七年夏，因「三七事件」中，金防部守軍屠殺申請庇護被拒的越南難民，涉案調職為作戰計劃委員（今司令部委員）。一九八八年晉任陸軍副總司令。一九九一年晉任國防部參謀本部副參謀總長，七月一日聘任總統府戰略顧問。二〇一六年二月二十八日於三軍總醫院松山分院辭世，享壽八十八歲。二〇一六年三月二十九日國防部軍禮覆旗公祭，由副總統吳敦義代表政府頒發褒揚令，予家屬代表劉高皋，以示政府崇禮忠藎之意。

「三七事件」，又稱一九八七年烈嶼屠殺、東崗事件、或東崗慘案，是發生於動員戡亂時期及台灣戒嚴時期。一九八七年三月七日，國軍小金門守軍對無武裝的越南難民船的屠殺事件。郝柏村於二〇〇〇年出版的《八年參謀總長日記》中證實事件中的越南難民十九屍二十命，全部遇害。

陸軍總司令蔣仲苓結束調查，郝總長向總統蔣經國報告完畢後，軍方內部決定開鍘，立即懲處相關人員，從金防部、烈嶼師部到旅、營級單位，一共拔掉了四十多名軍官。五月二十八日，郝柏村詳細記下處分方式：

金防部司令官趙萬富和政戰部主任張明弘調職。一五八師（烈嶼師）師長龔力、政戰部主任及涉及濫殺之旅長、營長、連長，併交軍法偵辦。

追憶一九七四年，作者在三十三師埔光部隊擔任旅級處長，駐守新化虎頭埤營區，當時趙萬富是師參謀長，各一級單位主官（管）均卓越非凡，三位旅長，有兩位後來晉升到陸軍總司令的黃幸強和聯勤總司令的王文燮。趙參謀長經年累月在軍中運籌帷幄，忙於公務，以致躭擱了人生婚姻大事。不久，經友人介紹，與南部鄉下姑娘結下良緣，就在虎頭埤完婚。膝下有兩位聰慧的千金，亦先後有好的歸宿。

・**許歷農**（一九一九年四月四日——），陸軍二級上將，安徽省貴池縣人，現居於新北市永和區，陸軍官校十六期，曾任政戰學校與陸軍官校校長、金防部司令官、總政戰部主任、行政院退輔會主委、總統府國家統一委員會副主委等職。一九八一年擔任國慶閱兵指揮官，一九八二年晉升陸軍二級上將。也被尊稱為「許老爹」。

一九九四年五月八日，創立新同盟會，以促進中國統一為宗旨，並擔任促進中華民國國家統一的新同盟會會長。二〇一七年九月二日，許上將發表一封名為「九十九高齡老人的真心話」公開信，說明他不再反共，還致力於「促統」的原因。信中指出，自從鄧小平推動「改革開放」以來，中國大陸已完全放棄共產主義，並且摸索、尋找出一條有效的治國方案——中國特色社會主義。信中列舉中國特色社會主義的作為和成就，他認為今天中國大陸的思想和作為，完全符合正常國家發展的原則，對兩岸亦屬有利，當年反共的理由，早已不復存在。而關於「促統」，信中認為，統一是中華民國憲法一貫追求的目標，「反攻大陸」、「光復大陸國土」、「為中華民國生存發展而戰」等當年的口號，都是追求國家統一的具體主張。「台獨」不僅在主觀上（血緣、文化）不應該，更在客觀上（相對形勢）亦不可能。二〇二二年六月三十日，出版個人首部回憶傳記。

二〇一〇年，新同盟會發起中山黃埔兩岸情論壇。二〇一五年，許上將卸任，由原副會長陳志奇教授接任會長，新同盟會原登記為政治團體，在二〇一七年政黨法通過後，於二〇一九年，陳教授辦理清算程序，變更登記為社會團體，全銜改為「中華新同盟文化經貿交流協會」，交棒盧文龍擔任改組後首任會長。

憶及一九〇一年，作者在後勤司令部運輸署服務時，主任許上將曾親自手訂「政戰作風」六點要項，期勉三軍全體政戰幹部，竭盡心力，恪守職責，為悍衛國家、保家護民而奮鬥：一、盡忠以除奸。二、居正以勝邪。三、奉公以去私。四、務實以制虛。五、存誠以破偽。六、矢勤以克惰。迄今三十餘年，作者仍將此一「實踐要項」，置放於書桌玻璃板下，黽勉自己，光大誠正。一九七八年，作者和盧會長曾經在金門前線，一起共事過。他是嘉義民雄人，畢業於復興崗政戰學校，是一位篤實踐履而有守有為、眾孚所望的碩彥。許老爹能將「重責大任」欽定他，是經過深思熟慮的遠見，相信盧會長，廣納雅言，抒展長才，在兩岸扮演「和平」的重要角色！

註：「不驕不躁，不卑不亢」，出自明代朱之瑜《答小宅生順書十九首》「聖賢自有中正之道，不亢不卑，不驕不諂，何得如此也！」釋義：聖賢之人，自己有自己的生活之道，不驕傲不自卑也不獻媚，何況這樣呢。「不驕不躁，不卑不亢」意思是指做了好的事情，不要驕傲，事情未處理好不要急躁；不驕傲，不急躁，說話辦事有恰當的分寸，既不低聲下氣，也不傲慢自大。《答小宅生順書十九首》，寫於朱之瑜在東瀛講學時候。他的學術博採眾家所長，常謂「千金之裘，非集於一狐之腋」，博通經史，最喜《資治通鑑》，長於《春秋》；道德思想方面，主張忠君愛國，推崇蘇武、文天祥的偉大人格。正是這種不尚虛華的學風，紮實嚴謹的學問和剛直崇高的人格，他的學術於日本發揚光大，當時的日本學者以師事朱之瑜爲榮，比擬爲「七十子之事孔子」。朱之瑜（一六〇〇年十一月十七日——一六八二年五月二十三日）明清之際的學者和教育家。字楚嶼，又作魯嶼，號舜水，漢族，浙江紹興府餘姚縣人，明末貢生。因在明末和南明曾三次被皇帝特徵，未就，人稱徵君。清兵

入關後，流亡在外，參加抗清復明活動。南明之後，東渡定居日本，在長崎、江戶（今東京）授徒講學，傳播儒家思想，很受日本朝野人士推重。著有《朱舜水集》。其特點是提倡「實理實學、學以致用」，認爲學問之道，貴在實行，聖賢之學，俱在踐履，他的思想在日本有一定的影響。他和黃宗羲、王夫之、顧炎武、顧元，被稱爲明末清初中國五大學者。並與王陽明、黃宗羲、嚴子陵稱爲餘姚四先賢。

第一節　首任顧問組長張明弘將軍

馬雅帝國時代，即以瓜地馬拉為中心，西班牙殖民時期，設總督於瓜地馬拉，轄屬北起墨西哥南部各省，南至巴拿馬。瓜國國立「聖卡洛」大學（Universidad de San Carlos Guatemala），有三百多年歷史，較哈佛大學早百餘年，中美洲歷史上重要人物都出身該校。瓜國軍校亦有近二百年歷史，中美洲各國總統多數出身該校，顯示瓜國為中美洲之重鎮。今日中南美洲國家中，瓜國人口最多，遠超過巴拉圭、烏拉圭、玻利維亞及多明尼加諸國。

瓜國受西班牙統治三百年，帶來的後遺症不少，例如虛華浮誇、不務實際、官僚作風、文書主義，尤以缺乏愛國心最令人擔憂，這也是中南美洲一般現象，加之貪污腐化，亦為中南美洲之通病。瓜國較早政變頻仍，又受民主思潮之衝擊，為避免如多明尼加 Trujillo 或尼加拉瓜 Somoza 政權把持國運幾十年之混亂現象，瓜國於一九六五年憲法規定，總統任期四年，終身只能一任。但也因此造成五日京兆之心理，政府每次更迭，從上至下全部更換新人，致使行政工作無法保持連貫性、完整性，使各種政策、計劃窒礙難行。瓜國面積為台灣三倍大，警察僅三萬多人，犯罪率逐年增長，盜賊橫行，綁票案屢次發生，社會治安差，憲警疲於奔命，緝拿罪犯成效不彰，政府十分棘手。西班牙殖民地傳統最顯著的徵象，就是貧富不均問題。瓜全國百分之七十財富集中於百分之二少數富人手中，佔人口百分之五十七之印第安人，經年累月辛勤卻所得有限。

一九六〇年古巴卡斯楚推翻巴第思達（Batista）獨裁政權，成立中南美洲第一個共黨政府，同年十一月十三日，瓜國第一批左傾青年軍官，企圖發動政變未成，攜械逃入內地，是為瓜共游擊隊之始，迄今已有百餘年組織。瓜國游擊隊雖號稱四股，皆由瓜國勞工黨（亦即瓜共）領導，表面上使用不同名稱，掩人耳目，爭取國際同情與支助。城市游擊隊以綁票、籌募經費、製造宣傳、爆炸等伎倆，目的在製造社會動盪及蠱惑民心。領導人物以智識份子居多，工人、農人較少；鄉村游擊隊避正面作戰，以伏擊、佈地雷為主，政府軍雖主動出擊，因地域遼闊，兵力分散，肅清不易。瓜共首腦人物在墨西哥、尼加拉瓜與古巴潛居，在瓜墨邊境難民營作為訓練基地，運用歐美人權團體，為其撐腰發聲。瓜共策略，以養精蓄銳，植基戰力，扭曲政府形象，爭取民眾認同，伺機發動全面或局部攻勢。

國際共黨巧妙運用自由派人權組織，多年來不斷詆毀瓜政府蔑視人權，造成人民對政府之不信任感。聯合國每年通過譴責瓜國之議案，甚至美國國會民主黨籍，以此為藉口，阻止當年雷根政府（一九八一年元月二十日——一九八九年元月二十日）恢復對瓜國軍援與經濟支助，使瓜國原已疲弱之經濟更雪上加霜。瓜國政府一九八四年之國家預算，用於國防者僅三億五千九百餘萬元瓜幣。其軍隊官兵每月薪餉較我國軍略高，而國防開支除三萬官兵之薪餉外，其他國防經費之支付捉襟見肘，國防建設「因陋就簡」。惟瓜國一般軍官之家庭，多數購有私人轎車，軍官待遇與福利之優厚，無形中提高了軍人社會地位。

一九八三年八月九日軍方發動政變，國防部長梅希亞（Oscar Humberto Mejia Victores）將軍繼任元首。他自稱元首（Jefe de Estado）而不稱總統，意謂「總統」需經由民選，以示還政於民之決心。作者在瓜國期間，是梅西亞當總統，據陸以正大使講述：梅希亞早在做軍區司令時就和大使很熟，常來大使館吃飯。他不喜歡任何蔬菜，理由是只有兔子才吃青菜，特別喜愛紅肉。他酒量不是很好，一喝酒就滿臉通紅，軍校同班同學給他綽號叫蝦子（Camaron），他也不以為忤。

梅西亞在後勤司令任內，曾於一九八一年應我國邀訪，參加國慶及參訪政經建設。他在軍校受訓時，是一位勤奮用功讀書，與同學相處和睦，頭腦冷靜，學術科均表現優異。他上台後的三年裡，瓜國漸趨穩定，經濟逐漸起色，剿共頗有進展，除游擊隊外，深獲廣大人民的擁戴。他精明幹練，平易近人，常赴三軍親校，官兵向心力極強。瓜國多數軍官常派赴各友邦深造，接受各種專長訓練，因此，軍官素質高，在部隊能起帶頭作用。為應付各種突發狀況，每位軍官均隨身配有各式手槍。士兵泰半為印地安人，普遍僅中等教育程度，惟個個勇猛驃悍，人人服從性強，軍容壯盛、訓練嚴格，誠為中南美洲一支勁旅。

一九八〇年瓜國左派游擊隊，到處竄擾襲擊，百姓生命安全遭受極大威脅，人心惶惶，社會失序。當時瓜國國防部長蓋瓦拉（Anibel Guevara）來函，要求我國派遣政戰顧問組協助該國建立政戰制度。同年四月國防部派時任空降特戰司令部政戰部主任張明弘上校，率同嚴昭慶中校、湯守明少校及張衡華少校，前往瓜國。經顧問組與瓜國多次共同研討策劃，於八月成立文化部，下轄新聞處、心戰處及軍中電視台。所屬連級以上單位，設立政戰組織，各該單位的第一副主官兼任政戰主管，執行政戰實務工作。張組長在瓜國階段任務完成，遂於十一月歸國。

一九八一年至六月期間，先後受到瓜國蓋瓦拉部長、參謀總長孟多沙將軍，再次邀請函，我國防部續派時任政戰學校教育長張明弘少將率同謝天霖上校、嚴昭慶中校和湯守明少校等四位優秀軍官，於同年八月十八日飛抵瓜國。張將軍在瓜國前後一年，除編印「馬雅主義——瓜地馬拉人民的靈魂」乙書，還將王昇所著「政治作戰概論」與「三民主義與其他主義之比較研究」兩本書，譯發三軍官兵研讀，俾加深官兵對反共理論與政治作戰之認識。另針對瓜國時局，著手編印幹部訓練教案九種，藉以砥礪官兵忠貞愛國信念，剷除共黨荼毒之遺害。張將軍在瓜國之工作態度和竭盡負責之精神，頗獲瓜國當局之賞識、肯定。

作者和張將軍很有緣份：第一次在一九七一年九月於復興崗政治作戰學校研究班第二十二期深造，他是母校第二期先期學長，作者是第五期學弟，我們同班同桌，畢業他名列前茅；第二次於一九九三年四月，作者自政戰學校副校長屆齡退休後，旋即介聘至黎明文化公司擔任副總經理兼總編輯，彼時，張將軍是董事長兼總經理。他育有兩子一女，夫人賢淑敏惠，家庭和樂美滿。將軍溫文儒雅，風度翩翩，給人一種「親切的長者風範」。近幾年身體微恙，很少和外界連繫，住南部靜養，作者曾兩次前往探視，天不假年，終於二〇二二年春天離開人世！

一九八四年四月二十六日，總長郝柏村率領葉昌桐、林文禮及吳東明，應瓜國政府邀請蒞瓜訪問，瓜國由副總統兼參謀總長羅柏士（Lobos）接機，陸大使、桂務勇武官和作者，也到機場迎迓，禮儀盛大隆重。次日梅希亞元首在總統府（Palacio Nacional）舉行授勳，象徵中瓜兩國深厚堅定的邦誼。

・**葉昌桐**（一九二九年——）福建福州人，一九四九年海軍軍官學校畢業，一九五五年美國海軍砲儀學校結業，一九六〇年美國海軍研究院結業，一九六六年美國海軍大學作戰指揮班畢業。一九七九年三軍大學戰爭學院將官班畢業。一九六〇年任海軍維源艦艦長，一九六三年任中明艦艦長，一九六四年任海軍總部訓練組組長，一九六五年任太原艦艦長，一九六七年任海軍軍官學校總教官，一九六九年任南陽艦艦長，一九七五年任驅逐第一艦隊艦隊長。一九七七年任海軍總部副參謀長，一九七八年任國防部計畫次長，一九八一年任國防部副參謀總長，一九八五年十二月晉升海軍二級上將，一九八六年四月兼中山科學研究院院長，一九八八年六月任海軍總司令，一九九二年五月任三軍大學校長，一九九四年四月任總統府戰略顧問、中華軍史學會理事長。父葉萱，留法習西醫，德術蜚聲，受軍醫界尊為耆宿，母劉氏諱佩英，妻趙容，子德強，女德蘭、德華。

・**林文禮**（一九三〇年——）四川省資中縣人，父仲康公，業商，母彭太夫人，勤儉持家，育將軍兄弟七人，姐一人，將軍行五。少聰慧過人，自幼即有振翼長空、翱翔青雲之願。年四歲，入球溪河小學，卒業後，入天敘中學就讀；未及畢業，於一八九四年毅然投筆從戎，以十二歲稚齡，單獨前往投考空軍幼校，一九四八年畢業，旋入杭州筧橋空軍官校第二十九期就讀。一九五一年官校畢業後，歷經「九三」金門砲戰、大陳保衛戰等重大戰役。曾以F－四七戰機執行任務一百餘次。一九五八年「八二三」台海戰役期間，駕駛換裝之F－八六F軍刀機參與作戰三十餘次，擊落重創中共米格十七機各一架，戰績輝煌，可謂置生死於度外，以達成任務為唯一目標。一九八四年調升空軍總部參謀長，一九八八年調升空軍副總司令，翌年擢升空軍總司令，晉升空軍二級上將。將軍獻身空軍凡四十餘載，戰功彪炳，勳業卓茂，節操清廉，待人寬厚，深受全軍愛戴。曾先後奉頒勳獎章計三十五座暨約旦政府頒贈之二等軍功勳章、瓜地馬拉政府頒贈之陸軍功績一等勳章、巴拉圭頒贈之爵士級陸軍功績綬勳章、玻利維亞頒贈之爵士級空軍功績勳章、南非頒贈之好望二等勳章、韓國頒贈之國家級統一勳章等六座，足徵將軍勳業方興未艾，為友邦人士之所推崇。

・**吳東明**（一九三七年——）陸軍官校二十九期，美國普渡大學機械工程博士。歷任蔣經國總統侍衛長、國家安全會議副秘書長、總統府國策顧問等要職。一九八九年五月至一九九五年二月期間，曾經擔任第六任調查局局長，他嚴禁調查人員買賣股票，甚至調查員的配偶、家屬也不得在證券公司工作。其父吳輝生中將，陸官校六期，憲兵科出身，於一九六五年三月二十五日至一九六八年二月六日擔任憲兵司令。一九七八年作者在關渡師擔任副主管時，東明任旅長職，官拜上校。是一位彬彬有禮、精明幹練很受官兵推崇的得力幹部。

第二節　顧問團工作概況

一九八四年七月十八日上午，顧問團一行先到瓜國文化部（文宣局）聽取簡報。瓜國國防部於一九八〇年八月成立文化部，其主要任務與職掌分為：一、新聞處——主管新聞、民運、康樂、服務、慶典活動、公共關係及綜合協調。二、心戰處——主管政訓、文宣、心戰及組織。三、軍中電視台——主管軍民反共愛國思想之宣教、政府政策之宣導、民心士氣信心之鼓舞、軍民合作之橋樑及全國文宣心戰工作。文化部之設置，著眼於全面性、全程性及實效性，以創造有思想、有活力、有生命的軍隊，達成「統一部隊意志、鞏固部隊團結及強化部隊戰力」，爭取作戰勝利為目標。

簡報後舉行座談，雙方彼此交換經驗，氣氛融洽，使同仁進一步瞭解瓜國對共黨開展「政治作戰」的優勢作為，增添了不少信心。接著由心戰處長希耶拉（Coronel Sierra）上校陪同，在離墨西哥邊境五公里的恰卡「重建村」（Chacaj Refugiados）或稱（Polode descarrils）參訪。由軍方建造永久性建築和完備的設施，讓難民住有定居。「重建村」又稱戰鬥村或新生村。原來是鄉鎮，左派游擊隊佔領之後，成為共黨基地，被瓜國政府軍剿滅收復，所建立的人民住所。

聯合國在難民協定及章程中，對「難民」一詞有三種定義：

一、難民（Refugiado），指戰爭期間，百姓被迫遠離至國境邊界，渴望回家，獲得食、衣、住等援助。

二、尋求保護者（Desplazado），百姓為了避免受到危險性威脅，而遠離家鄉，到鄰近省份，於國境之內尋求庇護。

三、撤離者（Euacuado），由軍方妥善安排，為自身安全而撤離原居住地者。

為了「重建村」難民適應村內環境與儘速恢復原有生活，責由軍區司令統一指揮，其指導要項為：

一、通告村內難民，自身之權利、義務。

二、每位難民照相存檔，以利身份之辨識與查核。

三、聘請教育、心理、社會、醫護等專家學者，輔導難民，諮詢協商。

四、依難民個人專長、性向、資質等，分門別類，使人人參予國家建設。

五、軍醫、護理人員，視難民個別差異，實施心理與生理治療，並不定期做健康檢查及傳染疾病防治。

六、推行愛國教育，慎防共黨滲透、破壞、顛覆。

七、組成民眾自衛隊，定時、定點巡邏，保護自己家園。

八、遴選農畜專家，指導難民生產技能。

九、派員講解自由、民主、民族主義切身問題與國家和平安定之重要性。

十、適時邀請國內外傳播媒體，來村內實際參訪，報導「重建村」之功能，以消弭拆穿共黨之詆譭、醜化。

十一、邀請國際著名學者、友邦政要，蒞臨「重建村」參觀，藉以顯示政府重視人道，講求人權，爭取國際上良好形象。

本團主要任務，以「課程講授」為主，「協輔實務」兼之，共計召開兩個班次，調訓民事連幹部、三軍部隊掌管民事與心戰之軍官，每期八週，學官合計四十一員，內含少校八員、上尉二十三員、中尉二員、少尉八員，學官食宿一律在國防大學。每週課程三十五小時，全期課程二二七小時，其中政治作戰課程一〇八小時，課程時數配當如下：

課目	主要課程	時數
政治作戰	1. 共黨理論批判 2. 共黨制度評析 3. 共黨策略研究 4. 政治作戰概論 5. 國軍基層政戰 6. 國際情勢分析 7. 反游擊之政治作戰 8. 國際共黨滲透中南美之陰謀 9. 越高淪亡之歷史教訓 10. 政治作戰兵棋推演	152 小時
心戰	1. 心戰情報 2. 心戰計畫 3. 宣傳分析 4. 反顛覆作戰	25小時
民事	1. 難民處置 2. 民兵組織與生產 3. 民事連組織與任務 4. 民事連指揮與行政支援	13小時

課目	主要課程	時數
精神教育	1. 國旗、國歌、國徽之象徵 2. 國鳥、國花、國樹與國樂之介紹 3. 國父締造之瓜地馬拉	12 小時
軍中倫理	1. 團結與忠誠 2. 士兵義務與軍譽 3. 士兵戰鬥中英勇事蹟	6 小時
瓜國歷史	1. 偉人典範之簡介 2. 殖民時代及獨立建國 3. 中美洲分裂因素 4. 革命風潮與自由政府 5. 反共黨運動	31 小時
政治制度	1. 民主、自由主義 2. 共產社會主義特徵 3. 階級控制 4. 政治領導 5. 自由企業之研究 6. 國際性軍事（政治）組織介紹 7. 尼加拉瓜共產制度評析	12 小時
人際關係	1. 概念和重要性 2. 如何增進彼此情感 3. 演講技巧 4. 法律之功能與效力	20 小時
大眾傳播	1. 大眾傳播範圍 2. 凝聚群眾向心之要領 3. 領導方法 4. 電視操作 5. 經驗傳授 6. 傳單製作	54 小時

在開班前與瓜方相關部門及教官（授），召開兩次協調會，以溝通觀念，律定作法，教官（授）課程適當調配及撰寫教案、大綱等，使教學前準備週詳。全部課程，由顧問團同仁和瓜國遴選曾在復興崗「遠朋班」受訓之優秀軍官與大學知名教授，共同分擔講授。政治作戰課程，採課前研讀、課堂講授、問題研討、作業測驗、分組討論、綜合座談等方式實施，並充分和瓜國教官（授）交換教學方法，探討教學問題，將政治作戰由理論性與原則性，做到具體化與行動化，讓學官對政治作戰有完整概念，建立反共理論架構，洞悉共黨陰謀，消除軍民恐共心理。期末針對瓜國敵情，結合實況模擬，施以「政治作戰狀況推演」，訂定演練項目，使每一位學官，從理論性之認知，靈活運用政戰技能，研採制敵破敵，具體而有效之對策，貫穿全期課程，達到「學用結合」之鵠的。作者特別要強調，嚴昭慶上校西文造詣頗深，兩度駐瓜顧問，表現甚為優異。在軍官外語學校西文班受訓兩年，以第一名畢業。在瓜任務完成返台，即被國安局重用，派赴巴西擔任「特派員」，持續為國家奉獻智能與心力。

為因應瓜國之需求，本團先後拜會通信勤務處、通信站台、軍區通信設施、民用電信局、衛星台及電信訓練所等，瞭解軍事通信與民間通信間之結合關聯。經與通信勤務處副處長歐體柔（Otzoy）中校，逐次會商討論，針對現存缺失，由本團具有通信素養之陳育央（國防大學理工學院高材生，本團返國不久，應沙國政府邀請又前往該國協助通信系統之設置）中校，以本團名義書面建議瓜方參酌辦理。

元首梅希亞與總長對本班教學極為重視，曾兩度親臨視導，對本團縝密計畫，熱心教學，協助訓練，深表嘉許，我們引以自豪，無上光榮。授課之餘，安排參訪十一軍區民事連、二十一軍區「重建村」、九軍區後備部隊、軍校、心戰處、軍中電視台及經建設施等單位。每期結訓當日，邀請陸以正大使專題演溝：「光明之路——台灣政軍經建設的非凡成就」，由於內容精闢，深入淺出，博得學官之歡迎。

結訓典禮由副部長阿魯布雷斯（Albures）主持，全體學官攜眷參加，每位學官逐一上台領受結訓證書，陸大使並親自為學官佩戴「遠朋紀念章」，每位咸表莫大榮耀，眷屬併同分享光彩。結訓當晚，舉辦「惜別餐會」，除學官、眷屬、教官（授）外，還邀請相關單位之軍政主官（管），參加盛會，有百餘人，氣氛十分溫馨，場面洋溢熱情。本團供應中式各樣精緻餐點、酒類、飲料等，在兩個多小時賓主盡興，夯到高點。顧問團為中瓜兩國，舉辦一次難以忘懷而圓滿的盛會。瓜國政府為了致謝顧問團熱心的協助，以鐫刻字體精選之木牌，懸掛於學官講堂，以示永誌紀念，象徵兩國邦交的堅實永續。

本團同仁應邀參訪瓜國軍事部門或行政機關，甚至受到軍政要員私人之宴請，都會端出瓜國盛名於世的芬芳清香咖啡，讓我們品茗。瓜國咖啡能使人喝了有再「續杯」的慾望，其來有自。

瓜地馬拉是全世界第六大咖啡生產國，而咖啡一直是帶動瓜國的經濟來源，國內有半數的工作力是農業工作人員。瓜國共有八個咖啡產區，坐擁熱帶雨林、火山地質、高原縱谷，和鄰近的大西洋、太平洋交織出三百多種的微型氣候，因此，也造就了各個不同區域的獨特風味。其中以安堤瓜（Antigua）及巍巍高地（Highland Huehue）的咖啡最為著名。種植的咖啡豆種皆為阿拉比卡咖啡豆種，因擁有得天獨厚的氣候地域，良好的果酸及多層次豐富風味大受佳評。多數產於瓜國的咖啡，以海拔高度分級，大多以水洗方式處理生豆。瓜地馬拉有一個咖啡協會（ANACAFE）負責推廣瓜國咖啡。

一七五〇年，傑蘇伊特（Jesuit）神父將咖啡樹引種到瓜國，十九世紀末德國殖民發展了此地的咖啡工業。在這裡，馬德雷（Sierra Madre）火山的山坡為種植上等的咖啡豆提供了理想的條件，高海拔地帶生長的咖啡生機盎然。與其他種類的咖啡相比，品評家更喜歡這種具有香料味道的混合風味咖啡。此地的特殊咖啡豆更是難得一見的好咖啡，它顆粒飽滿，味美可口，酸度均衡。

安提瓜島也是咖啡的著名產地。產於卡馬那莊園（Hacienda Carmona），該處品質最佳的咖啡是愛爾普卡（EL Pulcal）它不僅質量好，而且比瓜地馬拉的其他咖啡味道更濃郁、口感更豐厚、煙草味較重。每隔三十年左右，安提瓜島附近地區就要遭受一次火山爆發的侵襲，這給本來就豐饒的土地提供了更多的氮，而且充足的降雨和陽光，使這個地方更適於種植咖啡。咖啡是瓜地馬拉的重要經濟命脈和出口農產品，二〇二二年至二〇二三年咖啡產季，瓜國生豆出口值超過九・四四億美元。瓜國是台灣的第四大咖啡進口國，占全台消費市場的百分之十二。瓜國出口業者公會（Agexport）主任艾斯特拉達（Fanny de Estrada）強調，二〇二三年瓜國總出口額超過一七〇億美元。

第四節　親臨馬雅文明聖地

一九八四年六月四日，我們同仁搭乘瓜國空軍專機，飛往馬雅世界國際機場（Aeropuerto Internacional Mundo Maya），是瓜國第二大機場，也是前往馬雅遺跡蒂卡爾聖地。下機轉乘專車直抵蒂卡爾。據陪同官員敘述，整個蒂卡爾全區面積七平方公里，至今只發現六座金字塔及宮殿十多處，最高金字塔未及百公尺，我們不費力的一步步走上台階，至最高塔頂，只有三、四坪大的宮壇，依考古學家的推斷，這裡是提供貴族與祭司宗教儀典之處。公元九百年後，突然消失，而遺址就被熱帶叢林整座覆蓋，直至一八四八年，由美國探險家所發現，有學者指出，金字塔是模仿天際星座建造而成。

馬雅文明（Cultura maya）是一個集中於美洲中部的古代文明，主要分布在墨西哥的東南部、薩爾瓦多西部、以及整個瓜地馬拉、貝里斯和宏都拉斯，因其原住民為馬雅人而得名。馬雅文明的活動區域大致分為三部分：北部的低地，包括猶加敦半島在內；中部的高地，分布有恰帕斯馬德雷山脈；南部的太平洋海岸平原。馬雅文明的技術基本處於新石器時代和銅石並用時代的水平，但在天文學、曆法、數學、藝術、建築及文字等方面，卻有極高成就。

馬雅文明最早形成於公元前二千年之前，在那時，農業得到最初發展，出現了早期聚落。根據中部美洲斷代史的劃分，馬雅文明在前古典期（公元前二千年至公元二五〇年）發展出最早的複雜社會，出現定居的農業生活，玉米、豆類、南瓜和辣椒是其主要農作物。前七五〇年前後，出現了早期的城市，至前五百年已經建成祭祀建築，外牆經精心粉刷的大型神廟；前三世紀出現象形文字系統。到前古典期晚期，佩滕盆地和瓜地馬拉高地上已建立起多個大型城市。馬雅文明在古典期（二五〇年至九〇〇年）步入繁盛，各地較大規模的居民點數以百計，部分城市形成城邦，其間以複雜的貿易網相聯繫，北部低地的蒂卡爾和卡拉克穆爾城邦逐漸崛起。不過，分布於今墨西哥中部的特奧蒂瓦坎文明也在此時期對馬雅城邦展開侵略。九世紀，馬雅文明的中部地區突然出現集體性的政治崩潰，是為古典期衰落，引發連年內亂，大量城市陷入廢棄，人口開始北移。到後古典期（一千年至一五二〇年），來至墨西哥腹地的托爾特克人征服了馬雅地區北部的猶加敦半島，建立強大的奇琴伊察城邦，後又有好戰的馬雅潘和基切王國建立霸權統治，好戰之風導致戰亂頻仍，馬雅文化趨於衰敗。

十六世紀，西班牙殖民帝國探索了美洲中部並逐步征服了馬雅各邦，一六九七年最後一個馬雅城邦諾赫佩滕陷落，馬雅文明就此滅亡。十八世紀末，馬雅文明逐漸受到傳統學術界注目。十九世紀末，一批重要遺址被發掘，馬雅文明的現代考古學研究拉開序幕。到二十世紀三十年代以後，馬雅文明的研究進展較快，形成專門的馬雅學學科。在馬雅文明興盛的古典期，各城邦的領袖稱為「聖主」（**k'uhul ajaw**），聯繫人神兩界，地位世襲，長子是首要繼承人；王位的有力候選人通常善於作戰。馬雅城邦政治架構主要為互相制約的緊密體系，不過具體情況依不同城邦而有所分別。到古典時代晚期，貴族影響力加大，「聖主」不再大權獨攬。馬雅城市大多沒有規則的發展方式，城市中心即是祭祀中心，亦為行政中心，周圍被不規則的居民區包圍。城市的不同區域由路網連接。城市的主要建築包括宮殿、金字塔寺廟、蹴球場和天文觀測台等。馬雅文明發展出了高度複雜的藝術形式，廣泛運用各種工藝原料，如木材、玉石、黑曜石、陶器和石碑等。馬雅精英富於涵養，其創製的象形文字體系馬雅文字是前哥倫布時代，美洲唯一成熟的書寫系統，常見於石碑和陶器。馬雅人主要使用折頁書本記錄其歷史和文化，稱為馬雅手抄本，但大部分書籍都被西班牙人焚毀，現存且不具有爭議的馬雅書面史料僅餘三冊。馬雅人發展出了高度精密的曆法系統，且在數學領域也有較高造詣，先於歐洲人引入「零」的概念。

一五一一年，一艘西班牙帆船在加勒比海遇難，十餘名倖存者在猶加敦半島的海岸著陸，一位馬雅「領主」將這些船員抓獲，並以其充當人祭祭品，僅有兩人逃脫。這一事件開啟接觸期（一五一一年——一六九七年），西班牙人發現馬雅文明的蹤跡，並逐步將分散的馬雅城邦征服，是馬雅文明史的尾聲。從一五一七年至一五一九年，有三支西班牙探險隊在猶加敦半島展開探索，並和當地的馬雅人發生多次衝突。一五二一年，埃爾南・科爾特斯率眾攻陷阿茲特克文明的都城——特諾奇蒂特蘭，控制墨西哥中部。科爾特斯派佩德羅・德・阿爾瓦拉多南下瓜地馬拉，後者率一八〇名騎兵、三〇〇名步兵、四門火砲和數千名同盟的原住民勇士，在一五二三年抵達索科努斯科。一五二四年，阿爾瓦拉多的軍隊攻陷了基切人的都城——庫馬爾卡赫。卡克奇克爾人很快宣布與阿爾瓦拉多結盟，阿爾瓦拉多的軍隊得以進駐卡克奇克爾人的都城——伊希姆切。入城後，他們向卡克奇克爾人索取大量黃金，雙方關係遂惡化而兵戈相向，伊希姆切在數月後陷入廢棄。一五二五年，馬姆人的都城——扎庫洛陷落。隨後自一五二七年起，弗朗西斯科・德蒙特霍和其子小德蒙特霍針對猶加敦半島的馬雅城邦發起持續數十年的連番進攻，終於在一五四六年完全征服半島北部。至此，僅剩佩滕盆地的馬雅城邦未被西班牙人征服。一六九七年，馬丁・德烏爾蘇阿攻陷伊察人都城——諾赫佩滕，這本是僅存的最後一座馬雅城邦，西班牙人完全瓦解馬雅人的古典城邦政治，其文明區域全境被納入新西班牙總督轄區，成為西班牙殖民帝國的一部分。

西班牙人的征服活動使馬雅文明的大部分文化特徵都蕩然無存，但許多位於偏遠地區馬雅村落難以得到西班牙殖民當局的有效管轄，當地的馬雅社群和核心家庭仍然維持著傳統的日常生活，從而延續著馬雅文化的壽命。雖然鐵製工具得到運用，農業生產的方式有所變化，但是中部美洲以玉米和豆類為主的基礎飲食結構在當地仍然延續著；編織、制陶和編籃工藝等傳統手工藝品也並未失傳；當地的集市和以本地產品為主的貿易活動在西班牙征服之後的很長時間繼續存在。為了獲取一些馬雅傳統的陶器和棉織品作為貢品，殖民當局也對這種傳統經濟加以鼓勵，不過被作為貢品的馬雅手工藝品一般是以歐洲標準製作。在語言領域，儘管來自西班牙的天主教傳教士作出過巨大努力，馬雅人傳統的語言結構並未發生太大的變化，馬雅人的傳統信仰同樣得到延續。直到現代，瓜地馬拉和恰帕斯地區的一些馬雅族群，也仍然使用傳統的二六〇日的典禮曆法卓爾金曆。在馬雅文明的故地，仍然生活著數百萬馬雅語使用者。

針對馬雅文化的研究記錄工作，最初是西班牙傳教士等天主教會人士做出，他們對馬雅人的基本情況進行了詳細記錄，目的是更有效地傳播福音並同化馬雅人。在這之後，西班牙牧師和殖民地官員以書面形式記錄了一些猶加敦和中美洲馬雅遺蹟的情況。十六世紀教士迭戈・德蘭達，以燒毀諸多馬雅書籍而留下惡名，他的著作中記錄了許多馬雅文化的細節，包括宗教信仰、習俗、曆法、文字和口頭歷史等。隨後，又有一些西班牙教士和殖民地官員對於猶加敦和中美洲地峽地區的馬雅遺址進行了記錄。他們很明顯意識到了馬雅遺址和當地馬雅遺民的密切聯繫。

一八三九年，美國探險家兼作家約翰・洛伊德・史蒂文斯和英國建築師弗雷德里克・卡瑟伍德，一同考察了多個馬雅古代遺址，並以圖文並茂的形式公布其調查結果，引起當時大眾的廣泛興趣，重新將馬雅文明帶回到公眾視野當中。史蒂文斯的調查成為十九世紀歐洲人重新審視馬雅文明的開端，此後的十九世紀後半葉，西方學者開始試圖重新探尋馬雅人的歷史記載，而對於馬雅象形文字的解密工作也走出了第一步。在十九世紀的最後二十年，針對馬雅文明的現代考古學研究，終於誕生，阿爾弗雷德・莫茲利和特奧貝托・馬勒等考古學家有著詳盡的研究。獻祭者祭壇遺址、科巴、塞巴爾、蒂卡爾等遺址得到了清理和記載。到二十世紀早期，美國皮博迪博物館開始贊助針對科潘和猶加敦半島地區的考古工程。在二十世紀的前二十年，對於馬雅曆法的研究，以及關於馬雅神話和宗教概念的研究及釐清工作都有所進展。美國考古學家西爾韋納斯・莫利，記錄了已知的馬雅碑文，甚至試圖復原已經損毀的紀念碑的碑文。卡內基科學研究所贊助了在科潘、奇琴伊察、瓦沙克通的考古調查，奠定了現代馬雅學的基礎。自二十世紀三十年代起，針對馬雅遺址的考古工作大量增多，現代考古學界開啟了針對馬雅文明的大規模研究，馬雅學學科才逐漸成熟。

到二十世紀晚期，馬雅文字的解讀工作取得較多進展。海因里希・柏林、塔季揚娜・普洛斯庫里亞科娃、尤里・克諾羅索夫，是當時馬雅文字研究領域的先驅。馬雅文字的解讀工作自二十世紀五十年代取得突破性進展很快。在二十世紀六十年代，著名馬雅學家J埃里克・S・湯普森曾提出，馬雅遺蹟所代表的城市只不過是空洞的宗教崇拜中心，馬雅人散布在廣大的叢林當中，由一群並不善戰的祭司兼天文學者施行集體統治。但是隨著文字破譯工作的進展，馬雅文字所記載的古典時代馬雅君主的好戰事蹟重新為世人所知，湯普森的言論不攻自破。在許多地點，馬雅遺址都被密布的叢林完全掩蓋，為了找尋這些被綠色雨林淹沒的遺址，研究者動用了衛星影像技術，並通過近紅外光譜加以考察。由於馬雅遺址好用石灰石建造建築，這些石灰石在變質的過程中影響當地的土壤，因此，當地的喜濕植物極為稀少。近年來對於馬雅定居點遺址的詳盡調查發現大規模人口存在的證據，也令先前的城市空洞說失去支持。二〇一八年，考古學家利用革命性的光學雷達技術，在瓜地馬拉佩滕地區馬雅生物圈保護區大約二一〇〇平方公里範圍的土地運用了這項技術，發現六萬多座先前從未被發現的建築。依此，考古學家認為，這一結果表明在古典期末期，也就是六五〇年至八〇〇年之間，有七〇〇萬至一一〇〇萬馬雅人居住在佩滕盆地。光學雷達技術以數字方法移除雨林植物的遮蓋，以探查馬雅遺蹟。考古學家藉此發現，蒂卡爾的規模比前者測算的還要大。光學雷達技術還揭露了遺址房屋、宮殿、高架路與防禦工事。考古學家史蒂芬・休斯敦，直言這是「馬雅考古學一五〇年來最偉大的進展」。

二〇二〇年，人類學家查爾斯・戈登（Charles Golden）和生物考古學家安德魯・舍雷爾（Andrew Scherer），在墨西哥恰帕斯一位農民的後院內，發現了薩克齊遺址的中心城區遺蹟，現在被命名為拉坎哈・采塔爾（Lacanja Tzeltal）。遺址許多建築物皆用於宗教儀式，團隊還發現當時住民進行宗教儀式的紀念碑廣場遺蹟。

馬雅文明大約建立於西元前一千年左右的南美洲，即使是三千年後的現在，這個籠罩在神祕色彩下的古文明，仍然存在許多未解之謎，例如廣為流傳的馬雅曆如何制定，它又是如何準確預言歷史上的事件？都足以讓人們津津樂道。可是真正耐人尋味的是強盛的馬雅文化，竟然於一夕間消失的原因。根據史料記載，在西元三百年到九百年期間，馬雅文化達到前所未有的鼎盛時期，不但建起數百座城邦，人口更高達一千一百萬人，在醫療相對不發達的時代，這樣的規模是相當可觀。但詭異的是，大概從西元八百年開始，領土內不但沒有新的金字塔建築，就連新任統治者的石碑都沒有被豎立的跡象，這顯示這個時期的馬雅王族，可能已經瓦解或被推翻；到了西元九百年馬雅就像不曾存在於世上，人口流失、城邦廢棄，漸漸被隱沒於密林之中。

關於馬雅文明的沒落原因眾說紛紜，包括乾旱、人口密集度過高、耕地過度使用等。不過最新的研究是由美國《科學報告》雜誌所發表的文章：研究人員在人口密集的蒂卡爾（馬雅最大的都市）地區考察途中，於四個中央水庫內找到大量的汞和具毒性的水藻，這很有可能就是水源曾遭受到汙染的間接證據。若是追溯汙染源，研究人員認為可能來自於馬雅人用於裝飾建築物和陶土的顏料。這些含汞的色素經年累月的被排放到水源中，讓飲用水逐漸遭到汙染，進一步加劇馬雅文明滅亡的腳步。雖然目前還沒有直接證據顯示馬雅文明滅亡的過程，不過人口超載、耕地超採、水源不淨等因素，都被學者認為是這個古老文明走向滅亡的指標。藉由科學的進步，馬雅文明將會慢慢出現在人們的視野之中。

馬雅人（Maya peoples）是古代印地安人（美洲原住民）的一支，是美洲唯一留下文字記錄的民族。公元前約二千五百年就已定居今墨西哥的猶加敦半島、瓜地馬拉、貝里斯、以及薩爾瓦多和宏都拉斯的部分地區，使用馬雅語。古馬雅人發展出著名的馬雅文明，是唯一發展出文字的美洲文明，曾盛極一時，直到十六世紀西班牙人殖民美洲，使馬雅文明走入歷史，至十九世紀馬雅文明遺址被發現，這文明才得以重現於世人眼前。「馬雅」是為了方便而起的他們的一個集體的稱號，這包括為該地區貢獻某種程度的文化和語言遺產的人。但這之中也包括許多不同的人口、社會和種族群體，他們都有自己特殊的傳統、文化和歷史的特徵。

第五節 瓜國政戰工作成效

顧問團初到瓜國，人地生疏，大使陸以正囑咐武官桂務勇上校，協助我們同仁不便之處。桂武官陸官校畢業，頭腦反應靈敏，處事能力極強，是大使的得力助手，與瓜國上下階層關係極為密切，每日工作繁重，沒有副武官編制，獨自一人處理與瓜方之軍務協調連繫。大使交辦之任務，桂武官都能欣然接受，迎刃而解，因此，大使十分倚重他、信賴他，每一項賦予工作，均能圓滿達成使命。有一段小插曲，桂武官夫人未到瓜國之前，在台灣擔任護理工作，育有兩位千金，隔了多年終於在一九八四年五月產下帶「有把」小壯丁，彌月之際，桂武官伉儷選在一家華裔餐館，舉辦「彌月之夜」，席開二十餘桌，前來道賀瓜國軍政官員及僑領絡繹不絕，連元首梅希亞也親臨到場，足見桂武官在瓜國的「魅力」，這是他平素累積經營而建立的深厚友誼。正在酣酒興烈時，桂武官敦請元首為男嬰取西文名字，元首當場允諾，全場貴賓鼓掌歡呼，次日在瓜國各大媒體競相刊載報導，傳為「美譚」。

同仁在瓜國期間，大使三不五時，邀我們茶敘，大使館的秘書胡治章、新聞參事鄭玉山、商務專員曾建豊及商務秘書高婷等人，常同在一起聚會。大使口若懸河，滔滔不絕，邊茗茶邊吃點心，傾聽大使的「一席話」，勝讀十年書。談到攸關中瓜兩國敏感的軍政「地帶」，作者盡量向大使討教請益，大使態度從容，謙沖幽默，切中時弊，使我如獲至寶。本來認為外交官大概自視高，自鳴得意，不易親近，經數次和大使相處交談，才明瞭大使是一位中、英、西文俱佳，滿腹經綸，處事明快又有親和力的長者。有一天促及中瓜兩國近年邦誼，大使快人快語，興奮的說：「從一九八一年到瓜國這四年以來，與瓜國各階層建立了深厚良好關係，每遇有棘手問題，就請桂武官尋覓曾經在『遠朋班』受訓學員，結果任何疑難雜症，很快就能解決。可以肯定的說，政戰學校復興崗的遠朋班教育，的確非常成功，這對敦睦中瓜兩國邦交具有深遠的影響，數十年的耕耘、播種，如今果實一一浮現」。大使的言詞懇切，聆聽之餘，與有榮焉！覺得辦外交絕非易事，不是一朝一夕可竟全功，要像堆積木一般，逐步踏實去開拓，世上沒有白吃的午餐。

子曰：「學而時習之，不亦悅乎？有朋自遠方來，不亦樂乎？人不知而不慍，不亦君子乎？」孔子說：「經常學習，不也喜悅嗎？遠方來了朋友，不也快樂嗎？得不到理解而不怨恨，不也是君子嗎？」「遠朋」是什麼意思？遠方的友人。明朝雷士俊《寄王築夫》詩：寂寞荒村靜，端居念遠朋。李渺世《搬后》：有時遠朋來看我，我一見他們就打算和他們寒暄。

冷戰時期，共產勢力不斷擴張，蔣故總統經國先生鑒於反共鬥爭是國際性的任務，責成國防部編列經費，於一九七一年在北投復興崗政戰學校，創立「遠朋班」。一九九五年六月配合國軍任務精簡奉令裁撤，復因應國家整體外交工作之需求，遂於同年十一月奉李前總統登輝特令復班，更名「遠朋國建班」。分別由國防部與外交部負責學員遴選及預算編列，遠朋班負責課程安排、提供場地及人員接待，透過講授、拜會、參訪等課程，讓學員瞭解我國「政、經、軍」建設實況。二〇一二年四月一日，因應「精粹案」組織調整移編國防大學，班址仍在政戰學校校區內。

遠朋班對亞洲、非洲及拉丁美洲等國家之軍政人員召訓，班址與學生活動區隔開，五十餘年來已有數千人接受過訓練，結訓後大都在拉丁美洲位居要津、或是擔任軍政要職。遠朋班轉型後，學員擴及中東、非洲、加勒比海等地，除友邦外連無邦交之國家，亦紛紛請求來華受訓，足以顯示「遠朋班」之聲譽名聞遐邇，甚至有總統、總理級優秀畢業學員，部會首長級官員不勝計數。遠朋班教學上課之餘，安排到台灣各地參觀訪問，金馬外島更吸引學員嚮往。

一九八九年至一九九二年，作者在政戰學校擔任教務長、副校長期間，多次帶領「遠朋班」學員出外參訪，如外交部、調查局、陸戰隊、高雄市政府、中鋼，以及赴花蓮遊賞太魯閣名勝、金門前線等，學員對我國在經建及軍事設施方面之成就，咸表驚奇與讚揚。「遠朋班」在各期結訓之際，不少學員之眷屬也前來一起分享在台灣的各項成果及人情溫暖厚待，使學員、眷屬有「賓之如歸」之感！

作者始終沒忘記，出國前郝總長叮嚀的話，到瓜國一週，就在瓜方介紹下認識一位老師，教作者西文，她的名字叫卡羅達（Maira Carlota），美麗端莊，聰慧賢淑，她的父親是空軍中校退伍，有弟妹各一，家庭五口和樂美滿。作者工作餘暇就到她家學習西文，從基礎的發音教起，老師發音標準，口齒清晰，親切耐心，使作者沒壓力的感受。練習整句時，老師的弟妹從旁和作者對談，常因上回背誦的句型，今天卻走了樣，「荒腔走板」的發音，惹得老師哈哈大笑，連身邊的弟妹，更是露出天真的笑靨，這才知道自己原來是條「小笨牛」喔！體認到要學好一種外語，不下苦功是不可能臻於理想之境。

瓜國政府多年來對「政戰」工作之推行，不遺餘力，其三軍政戰幹部素質，日漸提升，致使「鞏固部隊團結、提高軍心士氣、增進軍民情感及堅定同仇敵愾」之目標，獲得預期效果。僅將瓜國推行政戰工作之成效，簡要臚列如次：

一、持續實施政治教育：三軍各基層連隊，每週實施一至兩次政治教育，以堅定官兵忠貞志節，激發愛國情操，進而培養同仇敵愾意識。

二、定期編印月刊：心戰處創辦「戰士」月刊，士官兵人手乙本，內容含上級政令、長官講話、國際現勢、部隊動態、剿共捷訊、愛民助民、好人好事、短評等綜合性通俗易懂的刊物，很受士官兵閱讀。

三、擴展大眾傳播系統：國內有五家電視台，除第五台由心戰處直接掌管，餘第三、第七、第十一及第十三等四台，皆屬民營。心戰處定時提供國內外要聞，配合各台播放，適時結合國策，宣揚政府德政及抗共必勝決心；以簡明宣傳字畫、漫畫、標語、幻燈等，分送各電視台、廣播電台、影歌劇院播放及各報社刊登並大量印製宣傳物品，在各交通衢道、公共場所張貼，供民眾隨意閱覽。

四、加強軍校政戰課程：以復興崗「遠朋班」教材作為藍本，參酌瓜國現況，陸續編撰政戰教材。一九八五年起，以軍校（九月一日校慶）修業期間，計畫講授總時數六個月的「政治作戰」課程；在國防大學，授予一個月的政戰課程，其他班次亦增加授課時數，期使學生（員）嫻熟政戰戰略與技能，堅定勝共滅共的意志。

五、灌輸全民愛國教育：各軍區為各省之責任區，軍區司令一元領導。每週以鄉村為單位，集中全體民眾，實施反共愛國教育，藉此激發全民愛國熱忱，關心國事之使命感。

六、重視後備軍人組訓：八十萬後備軍人，由所在地之軍區負責組訓與教育。為兼顧平日正常工作，統一運用週日實施集訓，配合部隊參加各項演練與具有意義之重要活動。平時擔任警戒、巡邏、搜索等任務，對共黨游擊隊之滲透、顛覆、破壞，甚具嚇阻作用。

七、有效成立「重建村」：政府為收容遭受共黨迫害、要脅、遠離家鄉之難民及投誠歸來之共黨份子，於十九、二十、二十一等三個軍區內，闢建千人以上之「重建村」，聘請具有教育、社會、心理、衛生等專家學者，依個人專長、性向、志趣予以輔導，達到「自管、自教、自養、自衛」之目標。

八、充份運用民事連：各軍區陸續設置民事連，其任務為改善社會不良風氣，協助地方蓬勃發展，擔任組訓，教育與心戰等工作並宣導政令、溝通軍民情感，對敵展開心戰，均有顯著功效。

九、積極促進軍民關係：政府深知教民、用民之道，透過學校教育及大眾傳播系統，宣導「軍愛民、民敬軍」之重要性，消除軍民之間隔閡。每逢軍中慶典節日活動，廣邀當地民眾、學生參與。部隊隨時主動協助地方修橋、鋪路、耕種、建屋、醫療等服務工作，解決民生疾苦，軍民情感日益增進。

十、發揮三軍統合戰力：瓜國三軍幹部皆畢業於同一軍校，深造教育亦同在國防大學實施，幹部已養成階級、職務絕對服從之傳統美德，重視逐級授權，勇於承擔，樂觀奮發的志節。各軍種之間，協調密切，合作無間，精誠團結，對敵發揮了聯合震撼功能，形成穩固國家的磐石。

第六節　任務完成郝總長面予嘉勉

中南美洲選美風氣一向盛行，每年的選美造勢，非常轟動。有一天在街上看到「海報」選美消息，同仁異口同聲的決定前往觀賞，當晚七時許，我們購票進入「國家文化劇院」時，已座無虛席，估算一下，前來觀賞的觀眾，男女各半。節目開始，由主持人先一一介紹參加選美小姐的芳名、年齡、職業、專長、嗜好及三圍後，經主持人逐一詢問簡單的話題，各佳麗回後台換裝，依序是現代裝、禮服、泳裝等不同服式，四十位阿娜多姿，體態豐盈的美女，魚貫出場亮相，每人混身解數，爭奇奪艷，全場二個半小時競逐的緊張、扣人心弦的過程，經激烈「廝殺」，最後由評審團主席，宣佈當選「瓜地馬拉」小姐頭銜，由上屆后冠為本屆脫穎而出的新人，戴上「冠冕」及配掛當選綬帶。新后冠將代表瓜國與全世界各國佳麗角逐「世界小姐」。從歷屆世界小姐選拔來看，中南美洲當選比率較其大各大洲要高。以審美觀點來衡量，瓜國一般少女臉型輪廓較均勻，五官嬌好；身材窈窕，體態優雅；說話甜美細語，悅耳動聽，談吐之間，給人一種難忘而溫馨的印象。反觀台灣國內，辦了幾次選美活動就紛爭不斷，真是可惜。選美不但可以代表國家爭光，無形中也可做有意義的國民外交，希望相關部門，能參照外國繼續舉辦，讓台灣「漂亮而賢慧」的淑女，為國發光、發熱，登上國際舞台！

工作餘暇，在例假日和同仁一起赴各地名勝古蹟賞遊，如具有歷史性的巴洛克建築、廢墟、神廟、遺蹟、天主教堂、修女院、湖泊、紀念碑、叢林、自然保護區、動物園、公園、遊樂園等等，尤其對瓜地馬拉國家宮，又稱文化宮（Palacio Nacional de la Culfura）印象至為深刻。位於瓜國首都瓜地馬拉城第一區，於一九四三年十一月十日完工，是一座中央庭院式的混凝土建築，曾是總統辦公的地方，同時也是一座博物館，展覽藝術文化品的場所。瓜地馬拉國家宮被象徵性地做為全國各道路的起點。其風格為西班牙巴洛克及文藝復興式的建築。在導覽小姐之簡介說明下，我們瞭解：「馬雅族的祖先原居亞洲大陸，從西伯利亞渡船經白令海峽到達阿拉斯加，再循西海岸南下，於中美洲安頓下來。馬雅人在公元前六世紀就已經營蒂卡爾，直到十五世紀，整個南北美洲的原居民，雖然全屬於印第安系，只有馬雅人的文明程度最高，其社經比當時北美洲的印第安人、墨西哥與秘魯原住民，都超出許多」。

元月一日	元旦	公共假期	新一年的第一天。
四月六日	濯足節	公共假期	在復活節前的星期四的基督教節日。
四月七日	耶穌受難節	公共假期	在復活節前的星期五的基督教節日。紀念耶穌在加爾瓦略山（髑髏地）被釘十字架和他的死亡。
四月八日	耶穌受難節翌日	公共假期	紀念耶穌的身體在墳墓和地獄慘痛中度過的日子，基督教節日。這是耶穌受難日的第二天和復活節前一天。
四月九日	復活節	傳統活動	基督教節日和假期慶祝耶穌從死裡復活。
四月十日	復活節星期一	傳統活動	復活節後的第二天。
五月一日	國際勞動節	公共假期	勞動者和工人階級的慶祝活動，是古老的歐洲春節。
六月三十日	軍人節	公共假期	紀念國家軍事力量的日子。
八月十五日	聖母蒙召升天	傳統活動	聖母升天和聖母瑪利亞的天堂生日一樣重要。
九月十五日	獨立日	公共假期	慶祝的國慶節，紀念爭取獨立的鬥爭。
十月十二日	哥倫布日	公共假期	紀念克里斯托弗・哥倫佈於一四九二年抵達美洲的慶祝活動。

十月二十日	革命日	公共假期	紀念一九四四年的民主革命的國家節日，當時不滿的大學生和軍事領導人，推翻了軍事獨裁者豪爾赫・托里埃略・加里多。
十一月一日	萬聖節	公共假期	所有基督徒聖徒的紀念日。
十二月二十四日	聖誕夜	傳統活動	是耶穌傳統生日前一天或晚上。
十二月二十五日	聖誕節	公共假期	西方基督教和東方教會通常將此節日定於十二月二十五日，東正教和多數東方教會定於一月七日。
十二月二十六日	節禮日	傳統活動	聖誕節翌日慶祝節日。
十二月三十一日	除夕夜	傳統活動	一年之末（公曆年）。

瓜地馬拉的國定假日，包括所有公共假日和重要紀念活動。公眾假期是每個人都放假的特殊日子，而紀念活動是在特定國家流行的傳統慶祝活動，並不是放假日。

「濯足節」（拉丁語 Dies Cenae Domini，天主教舊稱建定聖體瞻禮）為復活節前的星期四，乃基督教紀念耶穌基督最後的晚餐，設立了聖體聖事、濯足服事精神的重要日子。一般風俗當天做彌撒，分發濯足錢。除瓜地馬拉外，北美洲的哥斯大黎加、尼加拉瓜及拉丁美洲的哥倫比亞、巴拉圭、烏拉圭等國，濯足節都是法定假日。

有一天同仁們到一家樸素雅座的餐酒館，每人點了一道牛排，還選擇被譽為「瓜地馬拉國菜」的**Pepián**瓜國式南瓜籽燉雞。這道菜餚起源於馬雅文明的濃郁燉肉料理，在當地會搭配著新鮮的手製玉米餅或是米飯一起品嚐。瓜國的牛肉為國際知名的生產國，牛隻多為天然放牧的草飼牛，在自然環境的潔淨成長，甜美肉質與低脂、低膽固醇的特性，為健康食品首選，深受國際市場歡迎，亦符合我國內消費者對品質的要求。近年國內消費市場對牛肉需求快速提升，展現國人對牛肉的喜愛。吃完精緻料理，大家來一杯香醇的咖啡。作者沒有「咖啡癮」，任何品牌均能適應，唯喝咖啡時，酌添些許「砂糖」，多少可以沖淡咖啡苦味。在閒談中據餐館老闆講述，才明白瓜地馬拉砂糖，是銷售台灣的大宗品項之一，使作者聯想年幼在糖廠流連製糖的一切景象！

我國與瓜國自由貿易協定（ＦＴＡ）第十六號決議文，經雙方互相通知完成國內程序後，於二〇二三年十二月八日正式生效。經濟部表示，瓜國粗製糖及精製糖輸台年度免關稅配額，由十二萬五千公噸增至十五萬五千公噸，其中精製糖不得超過總配額百分之三十五。經濟部國際貿易署表示，瓜國是台灣在中美洲重要友邦，更是密切的經貿合作夥伴。台瓜ＦＴＡ於二〇〇五年簽署，並於二〇〇六年生效，兩國雙邊貿易額迄今已成長超過百分之二百，尤其瓜國是我國蔗糖的主要來源國之一，增加ＦＴＡ配額有助兩國進一步開展商機，互利互惠，政府也將持續透過ＦＴＡ，深化與瓜國經貿合作。根據統計，二〇二三年元至十月台瓜雙邊貿易額約三億四千三百萬美元，我自瓜國進口一億三千六百萬美元，主要進口蔗糖、咖啡、廢鋼鐵、冷凍蝦、紡織衣物等，我向瓜國則出口二億零七百萬美元，主要出口柴油、塑化原料、車輛零件、風扇、輪胎等。

談到「蔗糖」，先父庚申公曾先後在中部的台中、潭子、月眉等糖廠，服務達三十餘年。一九四六年作者和雙親及兄弟姐妹共十二人，居住在公家配給的「潭子糖廠」宿舍。憶及每年糖廠開工時期，還在小學、初中的作者，伴隨著先嚴進入工廠，見識製糖整個過程，現在回想起來猶如昨日般的清晰，存在腦海裡永遠難忘！

臺灣糖業史是指製糖業在臺灣的發展沿革，大約始自十七世紀的荷蘭統治時期，從那時農民便種植甘蔗為原料來生產蔗糖，以作為臺灣主要出口商品。其產量最高紀錄為一九三九年的一四一萬八七三一公噸；此後，受第二次世界大戰影響，產能衰退，製糖工廠也多在戰爭中受嚴重破壞。戰後，於一九四六年五月一日台灣糖業公司成立並修復製糖設備，積極復員，將其整併為三十六座糖廠，糖產量一度在一九七七年回升到一〇六萬九五四七公噸。一九五〇年代，砂糖外銷高居外匯收入百分之七十三，奠定了國家經濟發展基礎。一九六〇年代，食用糖品出口比重降低，臺灣從昔日的輝煌出口地區，轉變為進口地區。二〇一〇年代，台糖公司只剩下虎尾、南靖（已於二〇〇九年停止製糖業務）、善化三間蔗糖廠及小港煉糖廠仍在運轉。為讓國人了解台灣糖業發展史，台糖公司基於橋仔頭糖廠為台灣由老式糖廠進入現代化製糖的第一座糖廠，更是台灣工業化發軔地，具有歷史文化重要的象徵意義，政府乃決定於橋仔頭糖廠成立「台灣糖業博物館」，於二〇〇六年五月一日台糖公司六十週年慶同時開幕，希望藉由博物館的誕生，讓台灣糖業的文化傳承下來，冀望資產活化，增進地方發展，開創後糖時代的先機。

本團在瓜國之任務，於一九八四年八月二十四日全部結束，為感謝瓜方在這五個月期間，給予本團的支援與合作，作者向陸大使面陳，以大使名義，宴請瓜方軍政要員，作為惜別答謝之忱。大使不假思索，明確爽快的說：「多宴請幾桌，開列邀宴名單多一些沒關係，所花費用大使館支付。」作者欣喜之餘，與同仁商量，邀請五桌貴賓，把邀列名單呈請大使核閱，他看完整個名單毫不考慮，又另加五桌賓客芳名。

宴會前總統梅西亞代表瓜國政府，頒授我們六位團員「瓜地馬拉十字勳章」各乙座。陸大使先致詞：「感謝瓜國總統在開班期間關心學官學習情形，也對各講座教授、教官熱心的教導，以及辦班幹部同心協力，密切協調，使全程順利而圓滿。今晚宴席，備妥不少佳餚，敬請貴賓盡情暢飲歡樂，度過這值得回憶而具有深遠教育的意義。」接著敦請梅西亞總統講話：「這兩個班次所有的課程，皆由貴國顧問團同仁與本國具有專精學者、教官共同組成授課，象徵著貴我兩國綿密篤實的邦誼，堅若磐石。感謝陸大使多方支援，尤其顧問團不辭辛勞，千里迢迢前來敞國，令人感動！」說話肯切，嘉勉有加，使我們同仁倍感欣慰，這也是促進我與瓜國邦交之一環，極受瓜國層峯之重視。

八月二十五日清晨，全體同仁搭機至洛杉磯直飛返台，於二十六日晚抵達中正（桃園國際機場）機場。追憶在瓜國工作時日，同仁們有守有為、奉獻心力，終於完成了上級賦予的任務！本團與瓜國重要軍政幹部，建立了密切渠帶，「政戰班」結訓的幹部，為瓜國增添一批新力軍，返回原單位，擔任政戰課程種子教官，協助主官展開各項政戰作為。

九月四日在聯二趙次長陪同下，晉見郝總長，除嘉勉同仁在瓜國的表現外，囑咐我們回部隊應「處處作表率，帶頭起作用，凝聚官兵力量，發揮精神無形戰力，塑造一支戰無不勝、攻無不克的英勇堅強國軍。」作者將預先撰寫好的「顧問團在瓜國工作報告」呈閱總長，內容區分：壹、前言。貳、瓜國三軍現況。參、工作概況。肆、瓜國政戰工作具體成效。伍、「遠朋班」學員近況。陸、瓜共動態。柒、建議與意見。捌、結論。

謹將「工作報告」之建言，列述如後：

一、武官桂務勇上校，在瓜國工作主動積極，是陸大使甚為倚重的左右手，與軍方之間連繫緊密，合作無間，深受軍方賞識。惟武官獨自一人處理軍務，每日忙碌常加班不以為苦，建請國防部審酌增派一名副武官予以協助。

二、「遠朋班」成立迄今，成效卓越，陸大使多次讚譽，瓜國學員結訓返國，政府都委以重任，為發揮「幅射力量」，希每期再酌予增加受訓名額。

三、「復興崗」校譽名聞遐邇，學校的碩博士班學術風評佳，瓜國高層很希望能以甄選方式，提供獎學金來台深造，為瓜國政府培育人才。

四、請政戰學校每半年發行「遠朋班」定期刊物，將學校活動剪影、班上動態與學員生活及課程上的疑難問題，作綜合性圖文並茂報導、解說。

五、請大使館適時邀請在「遠朋班」受訓學員，舉辦「遠朋之友」聯誼會，同時邀請瓜國相關部門要員參加，促使兩國邦誼水乳相融，增進彼此情感。

六、建議國防部與教育部設置獎學金，由駐瓜大使館遴選瓜國具有中文語言能力而優秀的高中生，來我國軍事院校深造，爭取青年學子對我們的嚮往與向心力。

七、加強我國與瓜國軍方高層互訪，尤其「復興崗」校長之被邀訪，必能受到「遠朋班」學員熱烈歡迎。學員咸認「母校」師長到訪，在他（她）們心中將留下深遠的懷念與影響。

八、為加強宣揚我國防、政經、社會、文化之底蘊，請精選西文人才，有計畫、有系統性的翻譯成西文，分送瓜國政府軍政部門，俾加深友我睦誼關係。

九、「遠朋班」教材較偏重理論與原則，如能針對中南美洲共黨陰謀，重新編撰，研討政治作戰具體對策，將有助於早日肅清共黨之實現。

十、派遣出國之連絡官或翻譯官，希再加強其西文之素養，由國防語文中心與政戰學校，遴選專人，編撰「政治作戰」術語中西文對照本，有助於爾後課程之講授。

原在瓜國大使館的官員與顧問團服務的同仁，先後皆已屆齡退休，為保持往日在瓜國彼此間的情誼，我們不定期在台北聚會，以「駐瓜使館同仁聯誼會」名稱，同仁一致推舉作者為召集人，摯友昭慶當連絡總幹事，經常與會參加者有曾建豐、鄭玉山、劉晉榮、謝天霖等夫婦。每次聚會，陸大使賢伉儷均按時蒞臨指導，在席上仍然十分健談，從未耳聞的軼事，增進不少智慧與眼界。有一次餐敘，約定中午十二時，但過了二十分鐘，大家未見大使伉儷前來，作者當時覺得有蹊蹺，大使一向「守時守份」，不可能遲到，於是打手機連絡，大使似乎焦慮而急促的回覆：「內子半夜住院，目前我仍然在醫院加護病房陪伴，無法離開，很抱歉，請轉告同仁，過些時日，由我作東……」等語，足見大使伉儷情深，子女均在國外，兩位老伴互相扶持、相互照顧、互慰互勉！

第五章　公忠體國的陸大使

第一節　外交鬥士國之干城

陸以正大使，一九二四年出生於江西南昌，其父名長豐，因字穀年。其母龍學智，廣西桂林人。父親雖然在太倉縣考錄遺（即補考）得過第一，算是秀才，但科舉取士制度隨即廢止。十九歲隻身赴北京，進京師譯學館，後改為京師大學堂，即北京大學前身。在中央銀行總裁張嘉璈（公權）介紹下，進入中國銀行南昌分號服務，從此在中國銀行工作四十六年，直到一九六一年在北京退休。大使還有大姐以浦，哥哥以中，大使是在開封長大，一九三一年，全家搬至上海。

大使讀小學時就奠定了英文基礎：他在上海地豐路的覺民小學，一所屬於聖彼得教堂興辦的教會學校。因這所學校從二年級起就讀英文。讓兒童學習任何一種語文，理想年齡是在十歲以前，心理學家認為人的理解力與記憶力常成反比，少時記憶力強，而理解力薄弱，適合學習語文；年齡漸長，理解力增進，記憶力慢慢退步。他在四年間念完了三冊林語堂編印《開明英語讀本》和三冊《英文津逮》（Mastery of English）的文法，打下了堅實基礎。小學畢業，進膠州路的金科中學，也是教會學校，由美國的天主教神父主持，一切循美國制度。初中所餘兩年，他轉學到徐家匯的復旦大學附屬中學，功課仍然領先其他同學。初中畢業，進入以理工著稱、教學嚴格的江蘇省立揚州中學，那時是一九三九年，揚中課程編排與一般高中全然不同，除國文、本國史地、公民以外，其他教科書一律用英文原本。一九四二年夏初，他以第一名畢業，保送小溫泉中央政治學校外交系第十二期，校長由蔣中正兼任，教育長是原江西教育廳長、來台後擔任教育部長的程天放。由於校譽頗佳，全部公費，優秀的窮學生都嚮往到小溫泉，做「天子門生」，絕大多數還是以天下為己任的純潔青年。外交系有百餘人，四年畢業時已淘汰只剩三十幾人，重質不重量。一九四六年中央政治學校改制為「國立政治大學」，大使畢業論文為「戰犯審判與國際法」，於一九四七年取得「政治大學」外交系第一期畢業證書。

一九五〇年六月韓戰爆發，南韓部隊節節敗退，麥克阿瑟元帥率領聯合國部隊，在仁川登陸，扭轉劣勢。大使於一九五一年三月考取赴韓第一線服務，迄至一九五三年七月，在韓戰時期擔任聯軍翻譯官兩年。「翻譯官」在美軍正式職稱是ＤＡＣ（Department of the Army Civilian），但在韓國的「翻譯官」，英文職稱卻叫 Interpreter-Interrogator，主要工作是審問戰俘，也可作為國軍「審訊」敵人俘虜之參考。翻譯官穿美軍制服，佩戴ＵＳ領章，起薪階級相當於美軍少尉，月薪二百餘美元。審俘虜、寫報告的要訣是鉅細靡遺。審問對象都是北韓士兵，從入伍開始、何地受訓練、編入那個部隊、何時調來前線、長官的姓名、重武器裝備、三餐伙食、醫護設施、彈藥補給、防禦工事、陣地交接、斥候偵察、部隊番號、部隊移防、官兵士氣等等。俘虜的心態各有不同，最容易審問是那些厭惡戰爭，自動過來投誠的官兵。若遇有俘虜言詞閃爍，謊話連篇，一定是共產黨員或偵察排的官兵，就必須反覆審問。大使在韓國工作告一段落，回國一年後，美國總統艾森豪頒授「自由勳章」，由駐華大使藍欽（Karl Rankin）代表轉頒，這是美國對傑出文人授予的唯一勳章，大使當之無愧！

一九五三年在駐日大使董顯光推薦信給哥倫比亞大學新聞學研究所，申請入學。董大使和艾克曼所長（Dern Carl Ackerman）都是第一期畢業校友，推薦本應有效。普立茲（Joseph Pulitzer）當年捐了一大筆款，設立了新聞學研究所，只收大學畢業生。每年的普立茲獎，不但包括各類新聞，還有文學與音樂獎，都由哥大評審頒發，普立茲獎地位崇高，在媒體從業人員心目中，其重要性可與諾貝爾（Nobel Prize）獎比擬。在教學上，哥大新研所獨樹一幟，重實務不重理論，與美國其他大學新聞系所截然不同；每年只收六十五名學生，而申請入學者在千人以上，限制嚴格。台灣讀過哥大新研所回國的為數依然不多。學年結束前，全體專任與兼任教授聯席開會，投票決定每個學生的成績，只有及格與不及格兩項。不及格既無法補修，學分也不能以轉學移到他校，機會只有一次，不及格就是被淘汰，因為次年又是一批全新的學生。大使的畢業成績是第七名，學位稱Master of Science，即ＭＳ而非ＭＡ。

抗戰期間，政府中宣部國際宣傳處在董顯光領導下，對國家有許多不為人知的貢獻。其中最重要的就是在美國建立了一個頗具規模的宣傳網，叫做中華新聞社（Chinese News Service，簡稱ＣＮＳ）。該社全盛時期，除紐約總社外，在華盛頓、芝加哥、舊金山、墨西哥首都與加拿大的蒙特里爾都有分支機構。僅紐約總社人員即達五十人，有八個部門，分別主管新聞、攝影、廣播、演講、資料、圖書、出版與總務。勝利後不久，即一九四六年，中華社全年經費支出達二十八萬美元。

一九六三年六月中旬，沈劍虹派大使赴紐約接掌ＣＮＳ，七月一日抵達紐約辦事處。為了名正言順，大使把中華新聞社的英文名稱改為Chinese Information Service，中文也改稱「紐約中國新聞處」，簡稱紐新處。這樣做的好處，是與設在台北的美新處成了對等單位，萬一發生什麼爭執，大使還有「駐美大使館」參事的身分，應該享有司法豁免權，考慮甚為週密。大使為參加大使館會報或被大使找去商量有關事務，每月至少去華府一、兩次，從紐約飛去華府的次數，十六年裡至少在兩百次以上。大使文筆之犀利及立論之宏觀，多次都刊載在《美國名人錄》（American Who’s Who）與《世界名人錄》（World Who’s Who）。和外國新聞界打交道，大使稱首重耐心，是其秘笈，他們見多識廣，一眼就看穿你的來意；再加上工作忙碌，沒時間陪你閒聊，初次拜訪不能囉唆，十五分鐘為宜就告辭。美國媒體處理新聞，須衡量有無刊登或播放的價值，有一定的客觀標準，不必特別請託，反正拜託也沒多大用處。在媒體裡面，大使結交專欄作家為首選，他（她）們可分成兩類：大報專屬的知名作家，與透過資料供應社，同時發稿給幾十家或幾百家中小報紙的專欄作家。前者擁有高水準的讀者，影響深遠；後者所寫的文章讀者群廣大，各有千秋。

大使在美服務十五年七個月中，《紐約時報》刊登他的讀者投書，有好幾十封，每封信都由大使親自執筆，而且與熱門新聞密切相關。投書最忌冗長，愈短愈好，超過兩百字就會遭編輯刪節。因為大使是以大使館公使兼駐紐約新聞處主任身分投函，時報知道這是代表我國政府發言，總是來函照登。

卡特在一九七八年十二月十五日晚九時，對全國廣播，宣布從次年元旦起，與中華民國斷交與中共建交，而中美協防條約則依照條文規定，於一九八〇年一月一日失效。十二月二十六日《紐約每日新聞》（New York Daily News）在社論對版刊出大使的一篇文章，標題是「我們將為自由誓死奮戰」（Taiwan: We'll fight, we'll die for freedom）的文章，對美國與中共建交嚴正抨擊，措詞讓美國十分不滿，腦羞成怒，終於在次年元月十五日國務院宣佈大使為不受歡迎（Persona non grata）人物，限他一週內強制離美。

一九七九年五月，大使奉令赴奧地利工作兩年多後，於一九八一年八月四日抵達瓜國首都瓜地馬拉城。大使在瓜國九年兩個月的外交生涯中，有五項成就值得記載：一、瓜國迭次政變，大使善於在各種政治力量、各黨派代表人物之間周旋，折衝樽俎，調和鼎鼐，以消弭各種矛盾與隔閡，找到契合點。二、邀請各政黨領袖組團訪台，期使各政治領袖深一層認識我國的「綜合國力」。三、由我國政府協助建設恰卡重建區。四、奉命尋求與尼加拉瓜新政府秘密接觸，運用各種管道，建立「中尼建交」。五、與貝里斯外長在美國邁阿密，秘密會商，在貝國首都貝爾墨邦市（Belmopan）簽署建交公報。

一九九〇年十一月十九日，大使又奉令前往南非，為兩國邦交挑起更大的任務。一九九八年元月一日，曼德拉總統迫於無法抵抗的壓力，決定承認中共。斷交後，共計十二次談判，爭得的權利，依照雙方約定不得公佈。大使在南非七年多，曾於一九九五年元月成為外交團團長（Dean 或稱 Doyen），當時已有八十六個大使館，大使離斐時，大使館恰好滿一百，其中僅四國與我有邦交；再加上十六個國際組織，如聯合國開發計畫、歐洲聯盟、萬國紅十字會等，成員只限於館長的外交團有一百十六人之多。到一九九六年十二月，大使才卸外交團團長職務。在這兩年期間，由於大使熱心為各國使節服務，不辭勞苦，勤於協調連繫相關事務，也建立了「無形的外交關係」，頗得各使節的支持與讚揚！

・**道格拉斯・麥克阿瑟**（Douglas MacArthur，一八八〇年元月二十六日——一九六四年四月五日）。出身自美國舊西部軍人家庭，十三歲就讀西德克薩斯州軍事中學，因成績優異而被選為畢業生代表。一八九九年，麥克阿瑟就讀美國西點軍校，一九〇三年畢業平均分數為九十八・一四分，打破該校二十五年來的紀錄。一九一四年他隨軍參加佔領墨西哥維拉克魯茲的行動，執行偵察任務，被提名獲得美國最高軍事榮譽的勳章。一九一七年，自少校晉升為上校，並擔任赴歐作戰的第四十二步兵師（彩虹師）的參謀長。在第一次世界大戰的西線作戰晉升為准將，並再度獲頒榮譽勳章的提名以及被授予兩枚傑出服役十字勳章和七枚銀星勳章。一九一九年至一九二二年，出任西點軍校校長，進行一系列校務改革，之後被派至菲律賓，於一九二四年平定「菲律賓偵察軍叛變」。一九二五年，晉升為美國史上最年輕的少將，一九三〇年，再出任陸軍參謀長，同樣是美國陸軍史上就任該職最年輕者。任職期間，於一九三二年在華盛頓「酬恤金進軍事件」中，指揮軍隊暴力驅逐抗議者，事後又參與建立和組織「平民保育團」，協助紓困失業者。一九三五年，前往菲律賓擔任聯邦政府的軍事顧問。一九三七年退役。

一九四一年七月，日美關係惡化，他被召回現役，擔任美國遠東陸軍司令。同年十二月，太平洋戰爭爆發，菲律賓的美軍於十二月八日被空中武力打擊，日軍大舉登陸菲律賓，他只得撤至巴丹半島堅守。一九四二年三月，與其家人和幕僚搭乘科雷希多島的ＰＴ艇退到澳洲，於當地被任命為盟軍西南太平洋戰區盟軍最高司令，同時對外宣誓「我會回來」，自己將重回菲律賓。兩年多後，他領兵收復菲律賓，實踐這一承諾，因此被授予榮譽勳章。一九四五年九月二日，他作為美軍代表於停泊在日本東京灣「密蘇里號」戰艦上接受日本代表投降。在一九四五年至一九五一年期間，他負責對日本的佔領和社會改造工作，其職權範圍包括監督其經濟、政治和社會的整體發展。

一九五〇年，韓戰爆發，他指揮聯合國軍隊，在仁川登陸，取得重大勝利。然而，在其指揮下，聯合國軍跨越三十八度線攻入北韓，引發中國人民解放軍武力介入，在歷經一系列政治與軍事間衝突，導致戰事膠著後，他公然反對華盛頓政府的決策，意圖將戰爭全面升級，然而竟於一九五一年四月十一日驟然被哈里・S・杜魯門總統解除職務，結束五十七年的傑出軍事生涯。卸任回國後的麥克阿瑟曾試圖從政，代表共和黨參選總統，但在初選以壓倒性差距敗給德懷特・艾森豪和勞勃・A・塔夫脫。從政失敗不久，他轉往商界，於雷明頓蘭德公司擔任董事會主席。一九六四年四月五日，因原發性膽汁性膽管炎去世，享壽八十四歲。

・德懷特・大衛・艾森豪（Dwight David Eisenhower，一八九〇年十月十四日——一九六九年三月二十八日），艾森豪出生並成長於堪薩斯州阿比林郡一個德裔移民家庭，家族具有濃烈的宗教色彩。一九一五年從西點軍校畢業，與瑪米・杜德結婚，育有兩子。在第一次世界大戰期間，因其德裔身份被拒絕前往歐洲服役，指派在本土軍營訓練一支坦克部隊成員。於一九四一年晉升准將，在二戰中期他負責策劃和監督盟軍在北非戰場的火炬行動及在歐洲義大利南部戰場入侵西西里島，更督策對納粹德國的推進（諾曼底登陸）。二戰結束後，因戰功顯赫而被杜魯門總統委任美國陸軍參謀長、哥倫比亞大學校長，更被舉薦為首位北大西洋公約組織最高指揮官（一九五一——一九五二）。

一九五二年，六十二歲的艾森豪以共和黨候選人身份參加美國總統選舉。他在該年選舉及一九五六年連任選舉中，都以壓倒性的優勢獲勝。任內的主要內政和外交目標是減少聯邦財政赤字和遏制蘇聯共產主義的擴張。在外交方面，繼續承認中華民國是唯一合法政府，於一九五四年和我國簽訂共同防禦條約並簽署通過由國會提出的「福爾摩沙決議案」，該法案授權美國總統在其認為有必要時，可派遣美軍到台灣、澎湖，協助我國防守第一島鏈，駐台美軍人數在其任內達到二萬人（一九五八年）。他也曾對於美國政府試圖在伊朗、瓜地馬拉策劃軍事政變行動表態支持。在教育改革方面，他簽署並通過了一九五七年《民權法案》，禁止學校實施種族隔離制度。在他卸任後，因其遊刃有餘的反共立場，在國內推動種族平等，以及造就戰後首次經濟繁榮之類重大貢獻，故常被美國人民認為是歷屆以來最優秀的總統之一。

・哈瑞・S・杜魯門（Harry S. Truman，一八八四年五月八日——一九七二年十二月二十六日），出生於密蘇里州，一戰期間曾參軍並赴法國參與戰鬥。回國後，自營服裝行業。一九二二年在家鄉擔任縣法官，進入政界；一九三五年成為該州聯邦參議員。二戰初期，曾在參議院領導一個調查軍方紀律的委員會。一九四五年初出任美國副總統；當年四月，時任總統羅斯福於任上逝世，他隨即補位，成為第三十三任美國總統。在他任內，特別是初期發生了不少世界大事，首先是盟軍戰勝納粹德國、美國在廣島與長崎投放原子彈、日本投降和第二次世界大戰的正式結束；接著是聯合國的成立、以重建歐洲為旨的「馬紹爾計劃」的落實、杜魯門主義對抗共產主義、冷戰的開始、中國國共內戰、北約成立以及韓戰的爆發。在美國方面，戰爭使四萬四千名美軍陣亡、失蹤，並對他繼續連任的計劃，造成巨大打擊，促使其放棄競選連任。最終共和黨的艾森豪在一九五二年大選中戰勝民主黨候選人阿德萊・史蒂文森，於次年出任總統，結束了民主黨長達二十年執政。

面對美國國內事務，杜魯門正好遇上新一輪混亂的經濟衰退週期，物質短缺、罷工事件與有關否決《塔夫脫——哈特利法》的爭議，都是當代的寫照。他雖於一九四八年成功連任總統，卻未能掌握國會多數，以致於「良政」計劃幾乎全部流產。然而他曾率先以行政命令在美軍內部施行廢除種族隔離，並因應形勢需要主持第二次「紅色恐慌」，從政府部門辭退了數以千計可能影響國政的共產黨同情者。不過，由於受到一連串財政醜聞打擊，有達數百位由他任命的官員必須辭職。

杜魯門是位素以友善和謙遜聞名的總統，他的不少名言，如「推卸責任止於此」（The buck stops here!）和「怕熱就別進廚房」（If you can't stand the heat, get out of the kitchen），都成為家喻戶曉的名言。相比前任總統，杜魯門支持度不算高，特別是在亞洲的軟弱表現，但他謹慎果斷的性格令他在面對險峻的國際情勢時，撥亂反正完成許多艱巨挑戰。

第二節　錢復推崇陸大使

一九九七年十二月二十四日，大使離開南非，四十一年的公務生涯正式結束，為三十五年旅居國外的外交官生活畫上句點。退休不久，獲聘首任無任所大使，也在政大、師大、淡大等大學院校兼教。經常在各大報開闢專欄發表讜論時評，深受社會人士喜愛。

大使自稱外交生涯中遭逢的三件大事：一為退出聯合國；二為美國承認中共；三為南非與我斷交，這都是我國外交處境下無能為力的結果。惟大使始終奮鬥不懈的大無畏精神，更是使國人肅然起敬。大使在最後一任於南非七年多，「夙夜匪懈，全力以赴」，任期內廣交軍政要員，無論是白人政府或是黑人的國民議會黨各派系，特別是黨的精神領袖曼德拉（Nolson Mandela），希望能扭轉乾坤，但是形勢比人強，使原已在一九九六年十一月底宣佈與中共建交一事，遲延至一九九八年元旦才與中共建交，這就是大使和曼德拉兩人的真摯友誼，扮演了相當重要的角色。

大使夫人葉小珍女士畢業於東吳大學法律系，一九五四年在台北結婚，為人隨和，與之相處，如沐春風，是大使無後顧之憂的賢內助！她育有二男一女，長子孝祖、次子孝餘及千金孝澤。夫人相夫教子，大使才能一往直前，為國衝鋒陷陣。其子女在社會上亦有不凡的表現，家庭過著溫馨美滿的幸福生活。

二〇一五年二月二十六日報載大使溘逝消息，享耆壽九十二，瞬間心中無限哀慟與不捨。三月十四日作者前往參加在台北第一殯儀館景行廳公祭，悲從中來，不禁潸潸淚下，感傷不已。如今大使駕鶴歸去，他的忠貞幹才、運籌帷幄、縝密佈局及文采口才等表現，為長官所賞識，讓部屬所敬重，這位「國之干城」、「外交鬥士」，令國人無限懷念，為後輩所景仰、效法的典範。

大使在瓜地馬拉九年四個月，未抵瓜前，對西班牙文不通。他經歷過四位總統，其中只有一位懂英文；八位外交部長中能說英文的也不到一半，為工作需要，大使請家教老師，從文法學起，每晨早餐時拿當天的報紙作為讀本，查字典，記生字（那時大使已五十七歲）。兩年之後，大使可勉強應付，再過了五年，不備草稿可即興演說，大使強調若無語言溝通的方便，和瓜國上下不可能水乳交融，打成一片。由此，我們深知學習語言之重要性，也明白大使在瓜國所下的功夫！僅將中華民國駐瓜地馬拉歷任大使列表如後：

○歷史：

一、一九三三年六月十五日，中華民國外交部以部令設置駐瓜地馬拉總領事館。十月七日，駐瓜地馬拉總領事館正式開館。

二、一九五四年十二月二十二日，中華民國政府將總領事館升格為公使館。

三、一九六〇年九月二十二日，中華民國將公使館升格為大使館。

○歷任公使（一九五四年——一九六〇年）

李琴（一九五六年八月——一九五九年七月），特命全權公使。

汪豐（一九五九年七月——一九六〇年十月），特命全權公使。

○歷任大使（一九六〇年迄今），一九六〇年十月，中華民國駐瓜地馬拉公使館升格為大使館後，公使汪豐升任大使。

汪豐（一九六〇年十月——一九七二年元月，特命全權大使）

毛起鷴（一九七二年元月——一九七九年十月，特命全權大使）
薛人仰（一九七九年十月——一九八一年五月，特命全權大使）
陸以正（一九八一年五月——一九九〇年九月，特命全權大使）
歐鴻鍊（一九九〇年十月——一九九六年十一月，特命全權大使）
吳仁修（一九九六年十二月——二〇〇二年元月，特命全權大使）
黃瀧元（二〇〇二年元月——二〇〇二年十二月，特命全權大使）
歐鴻鍊（二〇〇二年十二月——二〇〇八年五月，特命全權大使）
孫大成（二〇〇八年六月——二〇一五年九月，特命全權大使）
賴建中（二〇一五年九月——二〇一九年九月，特命全權大使）
鄭力城（二〇一九年九月——二〇二三年元月，特命全權大使）
曹立傑（二〇二三年元月二十二日，現任，特命全權大使）

前外交部長、監察院長錢復先生，在陸大使所著《微臣無力可回天》作序中，對大使聰敏幹練、謙沖為懷，替國家貢獻己力，極度讚揚：

我國卓越的駐外大使陸以正先生的回憶錄，自民國九十年七月在《傳記文學》第七十九卷第一期開始逐章刊載，我就成為最忠實的讀者。每個月寄到，我都迫不及待地翻閱這篇非常有價值的著作。以正先生是我多年的老同事，也是我的長輩。我在四十七年接受預官訓練結束時，曾為究竟應在國內就業或赴國外進修而深思，當時第一位向我提出就業機會的，就是時任行政院新聞局第二處處長的以正先生。雖然後來我去美國讀書，沒有在他麾下工作，不過這份盛情我是難以忘懷。再次有機會與以正先生聚晤，我們在六十年出席聯合國大會第二十六屆常會代表團中同時擔任顧問的工作。一個半月的共事是十分寶貴的經驗，雖然我們沒有能順利地捍衛代表權，可是代表團每位成員都是竭盡心力。

第二年，我出乎意外地被派往行政院新聞局任職。外界都認為以正先生是擔任這項工作的不二人選，而我卻接任這項工作，作為晚輩的心中不免忐忑不安，但是以正先生卻毫無芥蒂，仍在紐新處全力投入為國宣勤的工作。當年十一月，以正先生費心費力所經營的紐新處與中華文化中心，在紐約勒辛頓大道落成，他特別叫我去主持揭幕典禮。這是一座美侖美奐的大廈，內部陳設非常精緻，而且圖書室或教室都是令人流連忘返的地方，房子內一桌一椅，任何一項陳設品或懸掛的字畫，都是以正先生心血的結晶。

以正先生在擔任紐新處長十六年後，被卡特政府請回台北，我正好在外交部內擔任次長，奉蔣總統經國先生的指示，為以正先生先後安排擔任駐奧地利代表和駐瓜地馬拉大使，他在這兩項工作崗位上做得非常成功。更難得的是，他到新任所一定積極地學習當地語文，深入了解當地的文化。他在奧地利的任期不如瓜地馬拉長，但是他的德語造詣一如西班牙語，都是隨時可以用來做即席演說。內子在以正先生任奧地利代表時曾去維也納觀光，她返國後告訴我，她們去了幾個博物院，以正先生不要專業導引員解說，親自說明，其深入易解，是她們同行者一致讚揚。

民國七十九年我回到外交部，接任當日就得到沙烏地阿拉伯邦交生變，因此積極設法維護其他兩國重要邦交國的關係。先請政務次長金樹基兄出使韓國，再請以正先生出使南非。最初以正先生表示在瓜地馬拉工作順利，無意異動；我一再地懇請，他才勉為其難地同意。果然，他履任不久我去南非訪問時，就發現他不僅與執政的白人政府建立極佳的工作關係，就是極端親共的非洲民族議會黨，他也有暢通的交往管道。他也在學習斐語（Afrikan），以便與斐方人士溝通。

我特別想一提的是自己在外交部五樓工作了前後十四年，每天總要看二百件左右的電報，週末假日也不例外。在每天閱讀電報時最企盼的就是看到以正先生的電報。當時電腦擬稿還方萌芽，以正先生的電報都是親手撰寫，幾頁長的電文，一字不苟、端端正正，一路寫來沒有錯字或漏字。我時常想，如果今日仍有科舉制度，以正先生的文才和一手「館閣體」的楷書，他一定可以和曾祖星農先生同樣高中狀元。看以正先生的電報，對我而言是一種高度的享受，不但字體剛勁有力，全文一氣呵成，使閱讀者很容易掌握全局。以正先生的回憶錄，提供讀者對於我國近半世紀的歷史很多非常有價值的資料，更將他多姿多采的公職生涯忠實地呈現在讀者眼前。我知道以正先生謙沖為懷，將好多他對國家的重大貢獻都一筆帶過。我相信每位讀者和我一樣，期盼以正先生能將這次沒有寫到的部分早日整理出來，滿足大家的企望。

・曼德拉（一九一八年七月十八日——二〇一三年十二月五日），南非川斯凱人，為南非反種族隔離革命家、政治家及慈善家，亦被廣泛視作南非的國父。一九九四年至一九九九年間任南非總統，是第一個由全面代議制民主選舉選出的南非元首。他任內致力於廢除種族隔離制度、實現種族和解，以及消除貧困不公。作為非洲國家主義者和民主社會主義者，他在一九九一年至一九九七年間任非洲民族議會主席，一九九八年至一九九九年間任不結盟運動秘書長。

當選總統前，曼德拉是積極的反種族隔離人士，任非洲民族議會武裝組織民族之矛領袖。當曼德拉領導反種族隔離運動時，南非法院曾判處他「密謀推翻政府」等罪名，他前後共服刑二十六年，其中有約十三年在羅本島度過。

一九九〇年三月十四日出獄後，他領導調解與協商，並在推動多元族群民主的過渡期挺身領導南非。自種族隔離制度終結以來，他受到了來自各界的讚許，包括從前的反對者。他在四十年來獲得了超過一百項獎項，其中最顯著的便是一九九三年的諾貝爾和平獎。二〇〇五年，南非廣播公司舉辦了「最偉大的南非人」票選活動，結果他被選為最偉大的南非人。他作為南非政界元老，持續對時事話題發表他的見解。在南非，他普遍被暱稱為馬迪巴（Madiba），這是他家族中長輩對他的榮譽頭銜，而此稱謂也變成了曼德拉的同義詞。

二〇一三年六月，他因肺部感染而病危，在住院八十六天後於九月出院回到約翰尼斯堡的家中，並過了九十五歲的生日。二〇一三年十二月五日，南非總統雅各・朱瑪宣布，長期苦於腎臟感染的前總統曼德拉在當天於家中病逝，享壽九十五歲。曼德拉的祖父是國王，父親是部落酋長，而其本人則成為國家元首。

・**錢復**（一九三五年二月十七日——）浙江杭縣人。台灣大學政治系畢業，美耶魯大學國際關係碩士、國際關係哲學博士。大學時代當選台大代聯會主席，創辦校園刊物，入選青年友好訪問團至歐亞各國訪問。

自美學成歸國後，自外交部科員基層做起，歷任行政院祕書、政治大學兼任副教授、外交部北美司司長、台灣大學兼任教授、新聞局局長及政府發言人、外交部常務次長及政務次長、北美事務協調委員會駐美代表、行政院政務委員、經建會主任委員、外交部部長、國民大會議長、監察院院長等重要職務。

曾獲首屆十大傑出青年。四十餘年公職生涯，走過中華民國四位總統——蔣中正、蔣經國、李登輝和陳水扁的年代，對外擔起多項與國際社會接軌的任務，見證我國戰後在國際舞台求存圖強之血淚史；對內則參與台灣經濟起飛、民主轉型等重大時刻。曾獲文官最高勳章特種大綬卿雲、景星勳章，以及中正勳章等榮譽。退休後，應邀擔任國泰人壽慈善基金會董事長，中華大學中華書院榮譽書院院長及「蔣經國國際學術文化交流基金會」董事長。

錢復父親錢思亮，曾任台灣大學校長、中央研究院院長及行政院原子能委員會主任委員。長兄錢純，曾任中央銀行副總裁、財政部部長、行政院秘書長。次兄錢煦，中央研究院院士、美加州大學生物工程系主任。妻田玲玲，留美碩士，政治大學西語系畢業。子錢國維、女錢美端。著作：錢復回憶錄。卷一——外交風雲動、卷二——華府路崎嶇、卷三——台灣政經變革的關鍵現場。

第三節 展露長才與貝里斯建交

貝里斯（Belize），又稱伯利茲，前身為英屬宏都拉斯，一九七三年後改稱今名，是中美洲東海岸的一個獨立國家。北部與墨西哥接壤，南部和西部與瓜地馬拉接壤，東部瀕臨加勒比海。領土長約二九〇公里，寬約一一〇公里，是中美洲唯一沒有太平洋海岸線的國家。格言："Sub Umbra Floreo"（拉丁語）意即「林蔭之下，興旺繁華」。森林覆蓋率佔全國面積百分之七十以上。夏秋兩季常受颶風侵襲。面積為二二八〇〇平方公里，人口四四一四七一人（二〇二二年），它是人口和人口密度最低的中美洲國家，人口增長率是該地區的第二高，也是西半球人口增長率最高的國家之一。土地多數未開發，千年沉積黑土肥沃，適合發展有機農業。貝里斯堡礁，是世上第三大珊瑚礁，著名的大藍洞位於該處。

貝里斯擁有由多種文化和語言組成的多元化的社會，反映了其豐富的歷史。英語是貝里斯的官方語言，而克里奧爾語也是貝國的通用語言。超過一半的人口能夠活用多種語言。貝國被認為是中美洲國家和加勒比海沿岸國家，是加勒比共同體（CARICOM）、拉丁美洲和加勒比國家共同體（CELAC）以及中美洲一體化體系（SICA）的成員。貝國是大英國協王國國家，英國國王查爾斯三世是其君主和國家元首。貝國以其九月慶典，廣泛的礁石珊瑚和蓬塔音樂而聞名。

一五〇二年，哥倫布曾沿貝里斯海岸行駛，可是他不曾登陸貝里斯。一五一一年，首批登陸貝國的歐洲人是西班牙船員，但大多數人隨即被當地的馬雅人捉去當祭品或奴隸。其中一名犯人貢薩洛．格雷羅和切圖馬爾的領導人納參坎（Nachankan）的女兒結婚，過馬雅式的生活。他們有三個孩子，成為早期的麥士蒂索人。一六三八年，開始有歐洲人居住，但一六七〇年代前都沒有居住超過一年的紀錄。這些人大規模伐木，因某些木材（如墨水樹、巴西紅木）可運往歐洲作染料。一七〇〇年代早期，大葉桃花心木成為備受歡迎的輸出品。這段期間亦有不少海盜出沒此地，有西班牙人定居，也有些零星的印第安人攻擊。當時西班牙帝國容許英國人在當地伐木，但不許他們建立殖民地。一七九八年，英西開戰，駐尤卡坦的西班牙官員派三十二艘船搶奪當地。九月三日至十日，貝里斯海岸戰爭不斷，直到西班牙放棄當地。這就是「Battle of St. George's Caye」。九月十日是貝里斯的國定假日，以資紀念。

十八世紀，英國首次派官員駐留，當年被英國以砍伐黑檀木為由，從西班牙取得伐木權，一八四〇年英國正式將貝里斯視為英國殖民地，一八六二年劃入王家殖民地稱為「英屬宏都拉斯」。瓜地馬拉基於歷史、地理及經濟因素，不斷運用種種方法，積極爭取貝里斯之主權。當地人受英管轄已逾一百八十多年，其風俗生活習慣、宗教信仰、日常語言，甚至人種膚色，明顯與瓜地馬拉人民有所差異，絕大多數居民，不願歸併瓜國。一般民眾都以英文和西文相互交談，比率上來說以英文較多，貝里斯與瓜地馬拉，本不是「同文同種」，瓜國始終未能在貝里斯行使其主權耿耿於懷。一八五九年英瓜兩國幾經多次磋商，同意簽訂一項條約，瓜國承認英國的統治，而英國允諾給予建造一條從貝里斯港口通到瓜國的公路，不過英國卻反悔背信，條約形同虛設，瓜國憤慨之餘，強烈要求英國政府歸還貝里斯。

一九八〇年至八一年，英國、瓜國與貝里斯三方，曾多次舉行三邊談判，三方卻南轅北轍，無從交集，最終宣佈談判破裂，不歡而散，引起瓜國不惜與英國斷交。一九八一年九月二十一日，英不理瓜國激烈反對，霎時正式向國際宣佈貝里斯獨立，更於九月二十五日促成貝里斯加入聯合國。此時瓜地馬拉一方面向國際呼籲主持正義，另一方面聲明貝里斯仍為其固有領土之一部份。貝里斯原有英軍駐守二千人，英漸感每年軍費開銷大，協請美國同意援助，以減輕國防預算之負荷。

貝里斯採議會民主制，為大英國協之成員。政府結構採用英國西敏制，司法體系以英格蘭普通法為範本，貝里斯和其鄰國哥斯大黎加是唯二政治局勢和治安都較為穩定的中美洲國家。議會現時有兩大政黨：中間偏左的人民聯合黨（People's United Party）和中間偏右的聯合民主黨（United Democratic Party）。行政區劃，分為六個區，首都位於卡優區（Cayo），首府為聖伊格納西奧（San Ignacio）。截至二〇一九年七月，貝國已與九十四個國家建交。貝國是我國現有的十三個邦交國之一，此外該國也同撤拉威阿拉伯民主共和國和科索沃共和國建立邦誼。

因瓜地馬拉認為與當時貝里斯殖民國英國在一八五九年簽訂的艾西內那——威克（Aycinena-Wyke）條約無效，因此瓜地馬拉宣稱貝里斯是其領土的一部分，一九八一年貝國獨立時，瓜地馬拉宣布不予承認，直到一九九一年九月六日瓜地馬拉承認貝里斯為主權國家並在同日正式建交，但兩國的邊界問題尚未解決。二〇〇三年十月，兩國在美洲國家組織總部就同年二月簽署之「過渡程序及信心機制」協議之相關措施執行情形，舉行檢討會議，積極尋求以和平之方式解決爭端。二〇一八年四月十五日，瓜國舉行公投，貝里斯政府亦於二〇一九年五月八日舉行對應公投，結果兩國多數民意均同意把領土爭議交國際法院（ＩＣＪ）審議，待國際法院裁決。

貝里斯獨立前，我國已與瓜地馬拉建立外交關係。一九八一年貝里斯獨立之後，一位具有中國血統的貝里斯商人伍永泉與貝里斯人民聯合黨的支持者，開始透過賽義德・穆薩遊說當時的貝里斯總理喬治・卡德爾・蒲萊士（George Price）與中華民國建立關係。一九八四年五月，我駐瓜地馬拉大使陸以正來到貝里斯，會見了伍永泉和蒲萊士總理，以討論雙方建立關係的可能性，也得到蒲萊士同意，但陸大使返瓜國不久，當時因瓜地馬拉主張貝里斯屬於瓜國國土，因此，我國與貝里斯建交案遭到瓜國副總統魯道夫・羅伯斯・薩莫拉反對，且在內閣會議中主張，如中華民國承認貝里斯，瓜國就與我國斷交，陸大使急電我外交部，強調不能因小失大，又加上蒲萊士總理所屬人民聯合黨在國會大選落敗，由在野黨聯合民主黨執政，我國政府只好把建交案暫時擱置。一九八九年九月蒲萊士重任總理，任命賽義德・穆沙擔任外交部長，我外交部為了與貝里斯建交，指令陸大使就近接觸開展。為了掩人耳目，大使先到邁阿密，由美轉至宏都拉斯，再直接飛抵貝里斯。在貝國拜訪了重量級政要人物，晉見蒲萊士總理。在貝國人民稱呼他「貝里斯的國父」，他的政治聲望日隆，鎖定我們交往的對象。同年五月七日大使第三度造訪貝國，在這交涉期間，存在著瓜國與貝里斯糾纏不清的政治因素，幾乎阻礙我國與貝里斯建交之扇門。主客觀形勢不易掌握，建交之路處處荊棘。大使數次也趁出國繞道貝國拜訪過新政府，建交實質上沒多大進展。有一段插曲，作者要特別聲明，大使為了積極促使能與貝國早日建交起見，運用多方管道秘密進行。作者在一九八六年八月二十五日和團員回國之便，遵照大使交代，他有一封密件書函，囑咐作者在美國轉機之時，將這封密件以掛號從洛杉磯寄出，避免在瓜國國內直接寄件至貝里斯，恐洩露「密情」，由此可見大使思慮周全，反應靈敏，一切以國家利益為前題。

一九八六年底，在瓜國的基民黨主政下，遂與英國恢復邦交。中共始終在瓜國無所不用其極，在利誘雙管之攻勢下，於一九八七年二月六日與貝國建交。大使為了不辱使命，不屈不撓，運用他的人脈和外交長才，多方與貝國不斷斡旋，才說服貝國決策高層，一九八九年十月十一日大使飛往貝國首都，雙方重新接觸，正式簽署建交公報，迫使中共在十月二十三日宣佈與貝國斷交，時任我外交部部長錢復，稱讚大使為「外交鬥士」，名符其實。一九九〇年十月十五日，我國與貝國簽訂農技合作協定，一九九一年元月起派農技團（現更名為技術團）在貝國工作。一九九八年十月貝國總理穆沙（Hon．Said Musa）訪華，與我國簽署聯合公報，重申兩國友好及合作關係。

旅貝華人約有萬人，來自國內移民約有二千人，已成立台商會及台灣客家聯誼會等社團。我國約有三百位留學生在貝國就讀中學及大學。貝里斯台商會，成立於一九九四年十二月，曾舉辦各項活動；另為客家聯誼會，主要發揚客家文化，以及加強客籍僑胞聯誼為目的。

第四節 「老鷹之歌——如果我能夠」

拉丁美洲慣性的應酬不少，瓜國自不例外，通常晚宴請柬在八時，賓客先喝些飲料、雞尾酒配些小點心，不到九時不會上桌，客人坐定再喝些烈酒或啤酒，在「客隨主便」的氣氛中，非熬到深夜不散席。拉丁美洲人民，生性善良，樂觀無憂，待客熱誠，三天一小宴五天一大宴是家常便飯。所謂「小宴」與「大宴」之不同，不是指菜餚豐盛與否，而是指人數之多寡。「小宴」來的客人較少，「大宴」則賓客較多，人少鬧鬨不起來，人多自然聲大亢奮，主客雙方樂此不疲，不過次日上班照樣準時簽卡，看不出有精神萎靡現象，到底他（她）們的身體還是蠻強健。有些較大場合，主人會聘請樂隊來彈奏悅耳動聽的一種馬林巴（Marimba）國寶木琴樂器，最常奏的名謠歌曲有「老鷹之歌」，主賓客婆娑起舞，如痴如醉，過著愉快忘我的夜晚。

所謂的拉丁音樂（Latin music）指的是從美國與墨西哥交界的格蘭德河到最南端的

合恩角之間的拉丁美洲地區的流行音樂。拉丁美洲是一個多民族的組合，以多種音樂融合而形成的多元化的混合型音樂。經過長期的沉澱，以歐洲白人音樂文化為主體，同時大量吸取印第安文化和非洲黑人文化，甚至是東方的亞洲音樂，逐漸形成了多姿多彩、充滿活力動感的拉丁文化。在拉丁美洲的眾多國家中，拉丁音樂以巴西和古巴為首：

一、拉丁音樂的起源及發展

㈠、印第安文化：印第安人的音樂文化，與生活密切相關，與宗教、勞動、舞蹈相結合。他們所擁有的旋律單純而富有特殊的表情。這種特點尤其在當地的一些民歌中表現出來，沒有半音的五聲音階，形成獨特的風格和趣味。另外在印第安人的傳統音樂中，沒有歐洲意義上的和聲。再次，樂器方面，沒有絃樂器是印第安人樂器的一大特點。雖然當今的印第安人音樂中經常採用吉他、小提琴、豎琴等絃樂器，但是這些都是後來由歐洲人帶來的。

㈡、歐洲（伊比利）文化：歐洲伊比利半島（Iberian Peninsula）的西班牙、葡萄牙音樂，受遺留下來的各民族音樂的影響而獨具特色。它的節奏有很多三拍子的音樂，但不像圓舞曲單調，而更具動感。伊比利節奏在拉丁美洲原封不動流傳下來，進而和印第安節奏、非洲的黑人節奏相結合，產生出更豐富微妙的節奏感覺。樂器方面，以吉他為代表，在拉丁美洲的所有國家受到歡迎。演唱因歌詞是西班牙語或者葡萄牙語，所以能夠感受到和英文歌曲的明顯不同。

㈢、非洲黑人文化：十六世紀初到十九世紀後半葉的奴隸制度中，拉丁音樂吸收了大量的非洲黑人及其音樂。在非洲黑人的音樂中，有和宗教相結合的，也有單純、世俗的一面。無論哪一方面，其旋律、節奏、唱法都表現出顯著的特色。旋律方面，走向以自然的滑音、裝飾音而獨具特色，音階更是豐富多采。音色方面，黑人具有十分出色的音質，他們所表達的情感往往給人留下深刻的印象。獨唱、合唱、齊唱通常是互相交替，以一呼一應的對答形式為特徵。非洲黑人音樂的最大特色是他們與生俱來的良好而豐富的節奏感。他們使用各種打擊樂器，產生出複雜而豐富的節奏、節拍。這些非洲支系的美洲黑人音樂節奏，大致上是以二拍子為基礎，但又不像進行曲那樣的單純、刻板。通常是以兩種、三種，甚至還有三種以上的節奏型同時重疊進行的混合節奏，不斷地加入切分，產生出充滿活力的律動感。

二、拉丁節奏

從拉丁音樂的來源中我們可以明顯看到，拉丁音樂是一種以節奏為中心的流行音樂。它的節奏所具有的不僅僅是簡單的強弱規律，而是作為音樂的靈魂使其上升到主導地位。在瞭解拉丁音樂的過程中，首先須要明白它的節奏。下面介紹具有代表性的拉丁節奏及風格。

㈠、桑巴（Samba）：源自巴西，以黑人的美洲節奏為基礎，大量融入歐洲旋律而產生的舞蹈音樂形式。特徵是2/4拍，音符短促地滾動節奏。現代歐美所流行的桑巴，於一九二〇年形成於巴西的里約熱內盧。

㈡、倫巴（Rumba;Ruhmba）：起源於非洲，十九世紀初出現於古巴，二十世紀初發展並流行起來。三十年代初，倫巴傳入美國及歐洲各國，同時融入爵士樂成分，風靡一時。倫巴並採用沙球、響棒、康加鼓等拉美打擊器加強節奏。傳統倫巴速度中庸，通常為4/4拍，也出現快速的2/4拍的倫巴。

㈢、曼波（Mambo）：由倫巴與爵士樂中的搖擺樂相結合而成。形成於一九四〇年，並在四十至五十年代風靡世界。演奏曼波音樂的樂隊，一般規模較大。樂隊中有銅管、薩克斯管、鋼琴、貝司等搖滾樂隊中的常用樂器，也加入沙球、響棒、康加鼓等拉美打擊樂器。音樂的構成常以固定低音及絃序列為基礎。

㈣、騷沙（Salsa）：一種結合了古巴黑人音樂、美國爵士樂以及南美民間音樂的舞曲音樂。四十年代起源於美國，經過五十至六十年代的演變和發展，於七十年代中期形成流行高峰。騷沙的節奏樂器仍以拉美打擊樂器為主，如沙球、響棒、康加鼓、邦戈鼓等。傳統的騷沙音樂，經常由一個不斷反覆的固定動機構成的曼波段落而組成。

㈤、恰恰（Cha Cha）：繼倫巴、曼波等拉丁舞曲之後，恰恰於五十年代中後期在歐美各國風靡一時。恰恰，源自古巴的民間音樂恰朗加斯（Charangas）。演奏時用沙球、響棒等拉美打擊樂器來加強最後的三個重音。

㈥、探戈（Tango）：起源於古巴的哈巴奈拉（Habanera）舞，作為阿根廷音樂的代表廣為流傳。其特點為2/4拍的搖曳節奏，通常由兩個段落構成。第一段為小調式，第二段為大調式。探戈也有用吉他伴奏的歌唱形式。一般探戈的演奏樂隊由小提琴、手風琴、鋼琴、低音提琴等樂器組成，按鈕式手風琴是探戈樂隊中不可缺少的樂器。

「老鷹之歌」（El Cóndor Pasa）《If I Could》，本是一首為反抗西班牙殖民者而作的南美祕魯印地安民歌，原版的詞曲作者當年目睹在安地斯山（Andes）礦區的祕魯礦工反抗外國業主壓榨的血淚鬥爭之後，寫下了這部說唱劇，以濃郁充滿安地斯民族的特色音樂和奔放的歌詞，使其具有喚醒祕魯民族認同感及反抗殖民主義的意義。

真正讓這首成為國際知名的推手，要歸功於美國民謠歌手保笛・西蒙（Paul Simon）。一九六五年他和搭檔阿特・加芬克爾（Art Garfunkel），在巴黎一家劇院演出時，因緣巧合遇見了祕魯的印加人樂隊（Los Incas）。西蒙深深的被這首充滿安第斯風情的音樂與作品所吸引；隔年就邀請印加人樂隊錄製「老鷹之歌」的配樂部分，並為它填上英文歌詞，曲名為「老鷹之歌——如果我能夠」，收錄在他的專輯（Old Friends Live On Stage）中。

翻譯的版本，有印地安排簫的音效氣氛，詞曲高亢悠揚且飄逸，充滿了印地安神秘色彩及西方美感；雖然有些人認為西蒙的音域不夠高昂，但卻韻味感十足，加芬克爾的合聲對唱，相得益彰，令人感動、讚美。兩人的合聲加上如天籟般的美妙旋律，把改編曲表現得天衣無縫，使人拍手叫絕，所以這首歌曲能成為屹立不搖的世界流行排行榜上的熱門金曲。英文版的老鷹之歌，是一首具有濃濃拉丁高原音樂的歌曲，到了七十年代，由美國的歌壇長青樹、情歌王子安迪・威廉斯（Andy Willians），翻唱此曲後，真正把這首歌推向了全世界，因而風靡全球的愛樂者。

這首深邃、沉靜、高曠，讓人心澈寧靜的曲子，翻唱後的歌詞中，首先舉出三對實物做比較：「麻雀與蝸牛」、「鐵鎚與鐵釘」、「森林與街道」，作者都選擇了前者。相較之下，前者都能享有更大的自由空間。歌詞中尚有一對比較的物體，那就是「天鵝與人」；作者認為天鵝可以翱翔天際、展翅飛翔，而人類卻常被束縛在土地上，對著天際唱出最哀傷的歌聲。儘管如此，作者認為人生就要靠自己不斷的努力，才能獲得實在又充實且不脫離現實的自由範疇，做好自己，就能真正將理想與現實達到完美的境界。

歌詞如下：

㈠ I'd rather be a sparrow than a snail,
我寧可是隻麻雀，也不願做一隻蝸牛
Yes I would,
沒錯，我會這樣選擇
If I could,
如果我可以
I surely would,
我是真的會如此選擇
I'd rather be a hammer than a nail,
我寧可是支鐵鎚，也不願是一根鐵釘
Yes I would.
沒錯，我會這樣選擇

㈡ If I could,
如果我可以
I surely would,
我是真的會如此選擇
Away, I'd rather sail away,
我願航行到遠方
Like a swan that's here and gone,
像來了又去的天鵝
A man gets tied his feet on the ground,
一個人如被束縛在地上

It gives the world,
他會向世界發出
It's saddest sound,
最悲傷的聲音
It's saddest sound.
最悲傷的聲音
I'd rather be a forest than a street,
我寧可是座森林，也不願是一條街道
Yes I would.
沒錯，我會這樣選擇

㈢ If I could,
如果我可以
I surely would,
我是真的會如此選擇
I'd rather feel the earth beneath my feet,
我寧可感受大地就在我的腳下
Yes I would.
沒錯，我會這樣選擇

㈣ If I could,

如果我可以

I surely would,

我是真的會如此選擇

Away, I'd rather sail away,

我願航行到遠方

Like a swan that's here and gone,

像來了又去的天鵝

A man gets tied up to the ground,

一個人如被束縛在地上

He gives the world,

他會向世界發出

Its saddest sound,

最悲傷的聲音

Its saddest sound.

最悲傷的聲音

第五節　拜訪駐薩國大使羅友倫

一九八五年七月十八日上午，團員同仁一行前往薩爾瓦多，拜見老長官羅友倫大使（一九六九年元旦晉升一級上將並調任總政治作戰部主任，一九七五年四月六日卸任），看到老長官仍像昔日擔任總政戰部主任時，那麼雄壯威武、目光炯炯、精神矍鑠、談吐鏗鏘有力，令我們後輩肅然起敬！他很欣喜而熱情的接見我們，格外有一份親切之感，孺慕之情。大使在薩國七年（一九七八年二月——一九八五年十二月）正逢左翼游擊隊，猖獗肆虐，社會動盪，人心慌慌。為了大使館館址之安全與外交人員身心之安寧，大使向我國防部申請憲兵一個班，前來大使館駐守。在各交通要道上，不少軍警荷槍巡查防異歧份子滋事襲擾，顯見情勢之不穩。在幾近中午時刻，我們向大使辭行，但老長官肯切邀我們留下來一起午宴。酒足飯飽，臨行大使還贈送每人一份厚重伴手禮，另外送一份參考資料給作者，經過綜理將薩爾瓦多概況，記載如下：

薩爾瓦多（El Salvador），位於中美洲北部的國家，為中美洲唯一不靠大西洋之國家，全國面積二一三九三平方公里，人口二〇二一年估計為六八二五九三五人。西北鄰接瓜地馬拉，東北與宏都拉斯交界，西面濱臨太平洋，東南鄰近豐塞卡灣。首都為聖薩爾瓦多。一八二一年九月十五日脫離西班牙的統治而獨立。從一九世紀末到二十世紀中葉，經歷了長期的政治、經濟動盪，政變與專制獨裁層出不窮，持續的社會不平等，加上內亂在一九七九年至一九九二年的薩爾瓦多內戰中達到高潮，這場戰爭由軍方領導的政府與左翼游擊聯合組織進行鬥爭。內戰以一九九二年雙方簽署《查普爾特佩克和平協定》結束。這項通過談判達成的協議，建立了多黨制的憲法共和國，直到今日。

薩爾瓦多地區原為印第安人馬雅族群居住地：

一五二四年淪為西班牙殖民地。

一八二一年九月十五日宣佈獨立，為墨西哥帝國一部分。

一八二三年帝國崩潰，薩國加入中美洲聯邦。

一八三八年聯邦解體，於一八四一年二月十八日宣佈成立共和國。

二十世紀三十年代起，軍人多次發動政變，政局長期動盪。

一九三一年，馬丁內斯任副總統兼國防部長，經濟蕭條，政治腐敗，共產黨的影響力迅速擴大。

一九三二年元月，進行地方選舉，共產黨候選人當選者眾，但不被政府承認，於是共產黨在二十二日發起暴動，政府下令逮捕共黨領袖法拉本多・馬蒂。

一九三二年以後的十三年期間，由馬丁內斯統治。

一九三四年五月十九日，薩國宣佈與偽滿洲國建立外交關係，成為繼日本之後，第二個承認該政權的國家。

一九四一年太平洋戰爭爆發，薩國加入英美等國的反軸心國陣營。

一九四四年四月，由於經濟癱瘓，知識分子和學生發起全國總罷工。

一九四五年五月，馬丁內斯下台，流亡瓜地馬拉，後前往宏都拉斯避居。

一九七九年，改革派革命軍政府上台，極右派和極左派發生衝突，演變成內戰。

一九八〇年，正式爆發內戰，對峙雙方為美國支持的政府和古巴支持的法拉本多・馬蒂民族解放陣線。

一九九二年元月十六日，馬蒂陣線與政府簽定《和平協議》，結束長達十二年的內戰。

二〇一四年三月，舉行總統選舉第二輪投票，執政黨馬蒂陣線候選人、副總統桑切斯・塞倫獲勝，於六月一日宣誓就職，任期五年。

二〇一八年八月二十一日，中華民國與薩爾瓦多斷交，結束長達七十七年的外交關係（一九四一年——二〇一八年）。二十三日，駐薩爾瓦多大使館舉行降旗儀式。斷交的原因，外交部長吳釗燮指出，與我國不願援助薩國聯合港的開發協助有關，因金額龐大，我國無法金援。斷交後，台灣的邦交國跌至十七個，大部分在中美洲地區。

二〇一九年六月一日，總統當選人納伊布．布克萊在首都聖薩爾瓦多宣誓就職。

．**羅友倫**，廣東省梅州市梅縣區人，出生於一九一二年二月四日，原名羅又倫，別號思揚。一九二七年考入黃埔軍校七期，一九二九年十二月畢業，入陸軍教導第一師任少尉排長，到湖北追剿李先念紅軍，又到河南參加中原大戰。一九三〇年十二月二十日升中尉排長，到贛東北進剿方志敏紅軍。一九三四年二月任上尉區隊長。一九三五年十月，入軍官外語學校第一期，學習法語兩年，一九三六年十二月考入陸軍大學第十五期。一九三九年擔任第五軍上校參謀處長，參加崑崙關戰役。一九四二年二月晉升少將參謀長，調雲南參加「中國遠征軍」。一九四五年元月二十二日，就任第五軍第四十九師師長，一九四五年四月五日就任青年軍第二〇七師師長。

在中華民國政府遷往臺灣後的一九五〇年三月一日，蔣中正任命他為陸軍官校首任校長，成立第二十四期學生總隊，羅校長的治校理念是以精神教育培養軍人之武德，以軍事教育完成基本戰鬥訓練；以科學教育學習各學科知識；以體能訓練，鍛鍊吃苦耐勞精神。陸官遷臺後的首次校慶於一九五四年六月十六日舉辦，也是陸官成立三十周年的校慶，羅校長隨侍在總統蔣中正身旁，主持校慶閱兵、校閱騎兵隊。一九五四年九月一日接替黃珍吾為憲兵司令部第五任司令。一九五七年四月一日接任海軍陸戰隊司令，制定「永遠忠實」（Semper fidelis）座右銘，將「不怕苦、不怕難、不怕死」訂為陸戰隊的信念，意在培養服從負責的團隊精神與誓死達成任務的堅定意志，期使是一支軍紀嚴明、訓練嚴格及驍勇善戰的兩棲勁旅。

大使後續接任國防部副參謀總長與幾項司令要職，一九六九年元旦晉升二級上將，接任總政治作戰部主任，一九七五年四月七日接任聯勤司令部總司令，軍退後轉任駐薩爾瓦多大使與總統府國策顧問。大使公子文山也是軍人，官拜陸軍中將，曾任一九八三年至一九八八的裝甲兵司令與第六軍團司令，為六軍團主官首次有父子檔。大使於一九九四年八月二十五日病逝於台北（作者回憶起來，在一九九三年冬天，和曾經擔任裝甲兵指揮部參謀長林天賞將軍，兩人一起前往台北榮總，探視大使。當時病情日漸惡化，作者傷感暗然淚下。）

第六章　我國與瓜地馬拉未來展望

第一節　我國退出「中美洲議會」

中美洲議會（Parlamento Centroamericano，縮寫PARLACEN）是中美洲統合體的立法機關，成立於一九九一年十月二十八日，設於瓜地馬拉城。中美洲議會有一二六名議員，由直接選舉產生。常駐觀察員有五個國家，即中國、墨西哥、委內瑞拉、波多黎各及摩洛哥，而我國為前任常駐觀察員（一九九九年——二〇二三年八月二十二日）。

中美洲議會於二〇二三年八月二十一日發布聲明，批准中國大陸成為該機構常駐觀察員，取消台灣的常駐觀察員地位。我外交部對此事表達最嚴正的抗議，為維護國家主權及尊嚴，退出中美洲議會。由瓜地馬拉、薩爾瓦多、宏都拉斯、尼加拉瓜、巴拿馬及多明尼加六國成員國議會組成的中美洲議會，在尼加拉瓜馬納瓜（Managua）會議期間宣布此一決定。中美洲議會指出，尼加拉瓜「排台納中」的提案，以聯合國二七五八號決議為基礎，驅逐台灣納入中國，並視台灣為中國的一省，取消台灣作為獨立國家觀察員的資格。

自薩爾瓦多、宏都拉斯和尼加拉瓜先後與我斷交並與中國大陸建交以來，大陸在中美洲影響力持續壯大。此前，大陸已與哥斯大黎加、巴拿馬和多明尼加建交。目前中美洲議會的六個成員中，僅剩瓜地馬拉仍是我友邦。外交部表示，中美洲議會成立宗旨，為推動及擴大中美洲國家的合作，增進區域內民眾福祉，鞏固民主政治，以促進中美洲地區的統合與和平。中華民國支持及認同此一理念，自一九九九年即加入為中美洲議會的區域外永久觀察員，一直都是中美洲議會在推動區域和平及統合進程忠實夥伴。我國雖退出中美洲議會，但對於在中美洲銀行（Central American Bank for Economic Integaration，簡稱 CABEI）及中美洲統合體（Sistema de la Integración Centroamericana，簡稱 SICA）的運作並沒有受到波及。

中美洲銀行創立於一九六〇年，總部位於宏都拉斯首都德古西加巴，成立目的在提供融資及技術協助，以促進中美洲地區經濟、社會發展。計有十五個會員國，包括創始會員國（瓜地馬拉、薩爾瓦多、宏都拉斯、尼加拉瓜及哥斯大黎加）、三個區域內非創始會員國（多明尼加、巴拿馬和貝里斯）及七個區域外會員國（中華民國、墨西哥、西班牙、阿根廷、哥倫比亞、古巴及韓國）；第八次增資後，我國成為第一大持股會員國。認購資本額為七・七六三億美元，外加贊助一・三三六億美元，執行總裁Mossi對我貢獻讚譽不已。

理事會為最高權力機構，我國現任理事為財政部部長，副理事為中央銀行副總裁。自二〇一四年六月財政部接任理事相關業務，歷年均派員出席理事年會，並積極參與該行增資計畫，藉此深化我國與中美洲銀行及其會員國交流。該銀行設有區域辦事處，駐臺國家辦事處於二〇二一年七月六日在台北一〇一大樓八十三樓正式營運，為該銀行在亞洲第一個分支機構，同時也是政府間國際組織來臺設立分支機構首例，為我國深化與該銀行合作關係之里程碑。該銀行於二〇二二年八月三日在台北一〇一舉辦「我國加入中美洲銀行三十週年暨該銀行駐我國國家辦事處設立一週年慶祝活動」，表彰該行與我國三十年長久夥伴關係及對駐我國國家辦事處之重視。

中美洲統合體於一九九一年十二月十三日成立，是一個中美洲國家政府間的組織。該組織以觀察員身份受邀參與聯合國大會，並且在聯合國總部設有常駐代表團。其總部設於薩爾瓦多。該統合體成員國，包括中美地區七國及位於加勒比海的多明尼加，其組織包含中美洲議會、中美洲經濟整合銀行及中美洲共同市場等超國家組織。

目前美洲統合體是世界上唯一承認中華民國政府合法的國際組織。我國從一九九二年開始跟中美洲友邦成立「中華民國與中美洲外長混合委員會」，更於二〇〇二年正式成為統合體第一個區域外觀察員。二十四年來，我國與統合體密切合作，前後曾舉行過十六屆的外長會議，致力於強化中美洲各國在外交、教育、農漁、環保、中小企業及婦幼權利等領域的發展，並推動中美洲統合進程。在各項合作案中，尤其「中美洲漁業及水產養殖組織」（OSPESCA）藉由共同執行合作計畫，於二〇一三年獲得「聯合國糧農組織」（ＦＡＯ）頒贈獎章，造就了最佳的合作範例。

在中美洲議會表決通過「排台納中」案前，外交部已掌握事態發展，透過駐外館處向中美洲議會主席團、外委會及各國議員說明，盡力爭取並凝聚友我議員的支持，且三度致函中美洲議會議長、主席團和外委會。不過該案在中美洲議會的討論歷經三個小時，最終仍以七十三票支持、三十二票反對、九票棄權的票數通過。凸顯中國處心積慮破壞中美洲民主及在區域擴張的野心，謀奪我國在中美洲議會的權益，嚴重傷害台灣與中美洲人民多年來的合作及情誼。

情勢發展至此，外界也關心我國能否維持中美統合體觀察員的地位；由於該統合體採共識決，只要我中美洲唯一友邦瓜地馬拉仍與台灣維持邦交、繼續表態支持台灣，我國就不會失去觀察員的身分。瓜地馬拉在中美洲議會開會，其他國家都是跟中國大陸有邦交，而瓜國有什麼理由堅持為台灣發聲，只為了民主價值？再從整體來講，拉丁美洲近年都是左派政府，對我國較不利。政府應以台灣人民的福祉與中華民國的國際空間為第一優先考量，而不是將政黨自身的特定意識形態加諸在國家利益之上。中美洲過去是我國邦交重鎮，現在邦交國孤零零，每下愈況，更形艱困。

針對我國在中美洲外交上觸礁，並退出中美洲議會，行政院前院長陳冲示警指出，國際組織會籍至為重要，一旦我國喪失國際組織會員、或者邦交國降為零，台灣有無Legol entity（實體法人）地位開立戶頭？甚至有無權力及能力保有我國高達五千億美元的外匯存底？思之不免不寒而慄，事關國人多年努力成果，不可不慎。我國參與重要國際組織尚有十一個：

組織名稱	成立日期、地點	參加年分
世界貿易組織（World Trade Organization，縮寫 WTO）	一九九五年一月一日成立，設於瑞士日內瓦威廉拉巴中心，一六四個成員。	二〇〇二年
世界動物衛生組織（World Organisation for Animal Health，縮寫 WOAH）	一九二四年一月二十五日成立，設於法國巴黎，一八二個會員國。	一九五四年
亞太防制洗錢組織（Asia/Pacific Group On Mony Laundering，縮寫 APG）	一九九七年創立，設於澳大利亞悉尼，四十一個地區會員。	一九九七年
亞洲開發銀行（Asian Development Bank，縮寫 ADB）	一九六六年十二月十九日成立，設於菲律賓馬尼拉，三十一個會員國。	一九六六年
歐洲復興開發銀行（European Bank for Reconstruction and Development，縮寫 EBRD）	一九九一年成立，設於英國倫敦，七十三個會員。	二〇〇六年
國際保險監理官協會（International Association of Insurance Supervisors，縮寫 IAIS）	一九九四年成立，設於瑞士巴塞爾中央火車站二號，二一四個會員。	一九九四年

國際證券管理機構組織（International Organization of Securities Commissions，縮寫 IOSC）	一九八三年四月成立，設於西班牙馬德里，二三三個會員。	一九八七年
中美洲銀行（Central American Bank for Economic Integration，縮寫 CABEI）	一九六〇年創立，設於宏都拉斯首都德古西加巴，十五個會員。	一九九二年
中美洲統合體（Central American Integration System，縮寫 CAIS）	一九九一年十二月十三日，設於薩爾瓦多，四十個成員國。	一九九九年
中美洲軍事會議觀察員	觀察員	二〇〇五年
中美洲暨加勒比海盆地國會議長論壇	觀察員	一九九九年

有待查證

中美洲有七個國家，仍有二個國家與我維持邦交，即瓜地馬拉和貝里斯，在震驚與遺憾之餘，思考我國邦交國正在以不可逆的進程歸零的時空環境下，痛定思痛，改弦易轍往日「外交」的行事風格，秉持著當年援助中美洲經濟發展的理念及逾三十年投入銀行業務的心得，以資深區域外會員身份，主動提案邀請中國大陸以相同身分入股中美洲銀行，讓兩岸「共同」為中美洲人民福祉做出貢獻。如此，我國仍繼續中美洲銀行的角色，尚可創造兩岸、中美洲三贏的局面。前外交部長錢復當年的遠見提醒：「兩岸關係位階高於外交關係」。

第二節　我國國防政策的理念

依據中華民國憲法所昭示，我國防係以保衛國家安全，維護世界和平為目的，而當前國防理念、軍事戰略、建軍規劃與願景，均以預防戰爭為依歸，並依據國際情勢與敵情發展，制訂現階段具體國防政策，以「預防戰爭」、「國土防衛」、「反恐制變」為基本目標，並以「防衛固守，重層嚇阻」的戰略構想，建構具有反制能力之優質防衛武力。

國防部組織體系：區分國防部本部、參謀本部、直屬機關、軍事機關、軍事機構。

一、部本部單位：

戰略規劃司、資源規劃司、法律事務司、整合評估司、總督察室、國防採購室、政務辦公室、人事室、政風室、主計室。

二、參謀本部：

人事參謀次長室、情報參謀次長室、作戰及計畫參謀次長室、後勤參謀次長室、通信電子資訊參謀次長室、訓練參謀次長室。

三、直屬機關：

政治作戰局、軍備局、主計局、軍醫局、全民防衛動員署。

四、軍事機關：

陸軍司令部、海軍司令部、空軍司令部及其他軍事機關。

五、軍事機構：

憲兵指揮部、資通電軍指揮部。

尤以中共迄今不放棄「以武促統」，除持續增加對台導彈部署數量，並屢藉大型針對性演習，威嚇我政經穩定，而其近年經濟大幅成長，並多方挹注於國防軍備，發展軍事武力，故為維持台海穩定及避免產生兩岸軍力傾斜，一方面，我正朝透過建立兩岸軍事互信機制，形成海峽行為準則等方向努力；一方面，則在不與敵進行軍備競賽的情況下，建構基本防衛能力及發展反制武力，保衛國土安全。

就建軍規劃而言，國軍當前軍事發展，係致力於防禦及制空、制海等戰力的整建。近期並經縝密規劃與循序建案方式，戮力戰備急需裝備，以期更有效提升主動防禦、反封鎖等能力，增加用兵彈性，並獲得戰略嚇阻能量。

就國防資源而言，國防人力朝募徵併行制方向規劃；國防財力秉持「精實節約」原則，考量建軍備戰優先順序，妥適財力分配，以有效支援建軍備戰；國防物力本諸「國防民生合一」政策，厚植國防科技能量於民間，以達成國防自主之目標。最緊要者，實非建立全民國防共識莫屬，藉國家總體戰力的發揮，做好全民防衛動員，凝聚人民抗敵意志，發揮軍民整體力量，以保家、保產、保鄉，進而維護國家安全、生存與發展。此外，國防部亦已將「救災」納入國軍正常任務，強化「國軍救災機制」與整體編裝，使能在符合「依法行政」的要求下，於第一時間投入災害救援，使人民生命財產獲得充分的保障，並展現國軍與人民同舟共濟、軍民一體的精神。

綜觀近年來，國防部在軍事專業的考量下，不斷盱衡內、外環境的變遷，配合國家安全戰略的調整，並於兼顧民意需求，積極進行國防組織再造；同時亦在前瞻敵情威脅與作戰需求、結合國軍建軍願景，考量資源條件與提升聯合作戰效能等前提下，厲行軍事事務革新與精進。所追求者，不外乎建構一個權責相符、專業分工與高效率的國防體制，以達成國軍使命，不負國人的期盼！

國防部於二〇二三年九月十二日公布兩年一度的《國防報告書》，是歷經中共對台軍演及俄烏戰爭後的首份報告書。報告分成五大部分，包括區域情勢、國防戰力、政策興革、國防治理、榮耀傳承。報告指出，為確保臺灣足以應對外在軍事威脅，將強化國防戰力與韌性，提升防護成效。面對大陸灰色地帶模式侵擾，國軍將強化聯合情報監偵工作，並同步調整處置規定，以反制敵方新常態威懾。

國軍依照當前防衛作戰構想並汲取俄烏戰爭經驗，作戰全程藉高度機動、疏散、隱蔽、複式備援與分層指揮，確保戰力完整。同時結合美國印太戰略部署，向外拓展防衛空間；發揮海峽天塹優勢，運用具備適航韌性的高性能艦艇、機動導彈車，及無人載具等「機動、遠距、精準」制敵手段，重層削弱敵方戰力。「國防戰力」整建重點，將籌建各型無人機，以增加戰場監控及敵情偵察能力。

國防政策具體的施政作為則是以落實「建立精銳國軍」、「推動募兵制度」、「重塑精神戰力」、「完善軍備機制」、「加強友盟合作」、「強化災害防救」及「優化官兵照顧」等七項政策主軸。

國防政策三大決策原則：一、以透明化的國防事務，爭取全民的瞭解、關懷、監督、支持與參與。二、以全民化的憂患意識，建立國人的心防，藉支持政府政策及信賴國軍的防衛能力，來無懼敵人的各式威懾。三、以效率化的動員機制，建立全國資源整合的效益以及危機處理的效能。二〇二一年中國大陸與台灣武裝力量對比：

中國大陸		台　灣
2,035,000	總　　數	163,000
965,000	陸　　軍	88,000
260,000	海　　軍	40,000
395,000	空　　軍	35,000
120,000	戰略導彈部隊	0
145,000	戰略支援部隊	0
150,000	其他軍種	0

前參謀總長李喜明上將所提出的整體防衛構想（Overall Defense Concept，簡稱 ODC），是以「拒止式嚇阻」（Deterrence by Denial）為理論基礎的防衛戰略，描繪了台灣在面對入侵的各個階段要如何使用武力：「戰力防護」、「濱海決勝」、「灘岸殲敵」以及作為最後一道防線的民間後備力量。從軍事態勢而言，台灣的軍事實力與中國相比是相形失色。整體防衛構想可能正是台灣避免海岸被中國全面攻佔所需要的務實方案。「整體防衛構想」為台灣支絀的軍事預算提供了一個解決方案，並聚焦於更進一步發展現有的能力，也就是「兵力整建」與「作戰構想」這兩個元素。為了成功阻止共軍入侵，必須專注於獲得具有高度生存力和彈性的不對稱防禦能力。生存能力不僅與武器有關，也與情報、監視、目標偵測的聯合戰略有關。根據「整體防衛構想」，

台灣需要透過大量採購小型、機動且致命的武器來增強不對稱防禦能力。它們必須具有成本效益，並且能夠承受中國在全面入侵的初始階段所預期部署的大規模空襲。

ＯＤＣ的構想早在李喜明擔任參謀總長期間就受到美國國防部與國安會的肯定與支持。無論在理論還是實務層面上，其論述都受到高度專業認同。為了台灣的存亡安全，我們不能不增加「非對稱作戰」（asymmetric operations）在台海防衛戰略構想中的比重。這麼做勢必得忍痛犧牲一些我們希望擁有的傳統戰力，因為資源與時間就只有那麼多。這固然是ＯＤＣ的爭議性所在，但更是其對台灣全民的啟發意義所在。整體而言，雖然ＯＤＣ也包容部分傳統戰力，但核心思維還是著重在發展非對稱方面，對於傳統戰力的態度似較傾向聊備一格，而且也不對台灣自己構建可恃之源頭打擊能力寄予厚望。個人傾向於「熊掌燉魚」的混合概念，認為台灣對於ＯＤＣ的辯證聚焦在「熊掌」（傳統戰力）與「魚」（非對稱戰力）的配方比重上，而非二者選一的無謂之爭。

隨科技快速發展，作戰場景及武器運用變化多端，都對台灣的防衛縱深及戰略預警時間產生很大壓縮，在「非對稱、非線性、非接觸」的戰場模式下，極不利「台澎防衛作戰」的用兵主動權。台灣必須加重源頭摧毀、遠程制壓、源頭打擊的戰力，避免在本島決戰才是要務。行政院公布今年國防預算高達六〇六八億元，歷史新高，包括基金與特別預算，占GDP比率達到百分之三。今年軍人雖加薪百分之四，同時一年役期役男約有九一二七人入伍，二等兵薪資也調高為二〇三三〇元，預估今年元月起施行義務役一年役期的徵兵，勢將影響募兵，志願役召募難度增加，國軍主戰兵力編現比不到百分之八十五，甚至低於百分之八十。國軍總員額中，軍官三六七一〇人、士官八九八〇一人、士兵四四九一一人，合計官士兵一七一四三二人；另有學生二一九七一人、文（教）職一一〇人、聘雇五二四二人、駐外人員九十七人。今年元月施行一年役期後，國軍將陸續成立十二個守備旅，並從主戰部隊抽掉約百分之十兵力至守備旅當基幹，主戰部隊編現比會暫時掉下來，甚至不到百分之八十，待義務役役男徵集人數日漸增加，且有預官編制後，守備旅基幹便以義務役士官兵為主，主戰部隊的支援人數會遞減。今年一年役期男約九一二七人，二〇二八年約四萬七七五一人、二〇二九年則有約五萬三六〇〇人。

國防部於二〇二四年元月向立法院提出「發展不對稱作戰之精實成效案」書面報告，宣示國軍台海防衛用兵理念增加「殲敵於城鎮陣地」，成為「拒敵於彼岸、擊敵於半渡、毀敵於水際灘頭、殲敵於城鎮陣地」。學者認為，國軍這項用兵理念上的調整堪稱務實。因應中共軍事威脅，國軍軍備整建重點置於「遠程打擊、整體防空、聯合制海、聯合國土防衛作戰、資電網路作戰及聯合指管情監偵」等六大面向。「殲敵於城鎮陣地」是國軍因應共軍登陸能力的威脅增加，強化縱深守備與防禦韌性的訴求，也就是防衛構想由傳統的「水平防衛圈」增加「垂直多領域」的總體防禦。國軍發展不對稱戰力軍備示意圖：

國軍發展不對稱戰力軍備

①遠程打擊

遠程精準火力打擊海馬士多管火箭系統；F-16 型戰機 AGM-84H 空對海、AGM-88B 空對面反輻射飛彈、AGM-154C 遠距遙攻精準彈藥、劍翔反輻射無人機、雄昇及萬劍飛彈。

②整體防空

機動地對空飛彈（SAM）系統；強化機場跑滑道搶修能量。

③聯合制海

魚叉飛彈海岸防衛系統；康定級等主力作戰艦戰鬥系統性能提升；籌建新一代潛艦，並提升劍龍級艦戰鬥系統；量產海劍二型飛彈。

④聯合國土防衛作戰

建置防禦性水雷、陸上機動布雷系統；籌獲M1A2T新型戰車；更新野戰防空雷達。

⑤資電網路作戰

新式雷達偵蒐暨干擾系統與通信偵蒐暨干擾系統；新式陸基雷達；發展數據鏈路反制系統，建立數據鏈路偵蒐及干擾能量。

⑥聯合指管情監偵

籌獲MQ-9無人機；戰術型近程無人飛行載具；籌獲F-16型戰機MS-110新式偵照莢艙。

第三節　中共「灰色作戰」侵蝕台灣國防

中共過去一年以機艦繞台，軍演也轉為更具威脅性。目前中方的操作並非武力進犯，而是遊走和戰之間的「灰色地帶」（grey zone）加強施壓。灰色地帶戰術是中共不費一槍一彈控制台灣的戰略一環，「灰色作戰」就是隨時間拉長讓對方兵疲馬困；軍事加壓常態化也能測試台灣防禦能力和國際社會支持台灣程度。透過常態化進入台灣防空識別區，中共意在測試台灣加強應對的程度；台灣慣例起飛戰機伴飛進入防識區的共軍飛機作為警戒，但長此以往，台灣國防資源就會被消耗掉。威脅常態化恐使真正攻擊時的先頭狀況被輕忽，讓台灣與其主要盟友美國難以準備，此做法也用於麻痺台灣大眾對這類威脅的感知，削弱對加強軍事準備的政治支持。中共整合政治、軍事、經濟、外交、資訊等手段，一步步逼近台灣，這種戰術脅迫，逐漸改變台海現狀。

中共透過軍事演習、飛越台灣防空識別區（ADIZ）等非戰爭的軍事行動蠶食鯨吞，已造成台海中線消失，挑釁台灣二十四浬的鄰接區，在台海四周隨時、無預警舉行軍演的新常態，強力壓縮整體國防的時間與空間。孤立台灣、限縮國際空間也是灰色作戰的重要工具。台灣禁止超過二千多項大陸產品進口，明顯違反ＷＴＯ「最惠國待遇」原則，二十多年來一直未能改善。大陸於二〇二三年四月十二日終於啟動對台貿易壁壘調查，涉及產品擴大到二五〇九項，並宣稱初步調查顯示，台灣對大陸貿易限制措施涉嫌違反ＷＴＯ的原則；大陸商務部研議中止兩岸經濟合作架構協議（ECFA），引發台灣震撼。中共將經貿措施及ECFA「政治化」、「武器化」，面對排山倒海而來的壓力，政府難以因應，令人憂慮。美國智庫與媒體高度關注中共隨時掌握機會，加速、擴大灰色地帶戰爭行動，從軍事、外交到禁止個別農漁產品，雖然沒有立即戰爭的風險，但這隻龐大的「灰犀牛」已對台灣構成不可忽視的威脅。

國防安全研究院報告指出，共軍擁有陸軍兩棲合成旅及海軍陸戰隊兩支兩棲地面部隊，若中共攻台，首波海空登陸兵力預估約五萬人，但考量共軍沒有兩棲登陸作戰經驗，且我國軍積極部署飛彈，共軍面對相當風險。台灣地理環境不利兩棲作戰，只有在北部、西部近二十處海灘適合登陸。若共軍登陸立即面臨山地、丘陵與城鎮林立，不利大規模機械化部隊行動。共軍航空旅與空中突擊旅運載能量約一萬二千人，另空降兵軍與陸戰隊也有直升機部隊。共軍海軍兩棲艦隊約可輸送二萬四千名戰鬥部隊，以及九百輛兩棲裝甲車。共軍陸軍兩棲合成旅至少輸送一萬六千名部隊，或者四百輛兩棲裝甲車。台灣東岸懸崖峭壁與西岸淺灘是天然屏障。國軍以顏色顯示海灘是否適合登陸，紅色表示海灘適合兩棲作戰；黃色中度適合；藍色低度適合。由於有港口與機場及被高地與山地包圍，台中一帶海灘可能也是共軍選擇目標，一旦成功登陸與佔領台中，可將台灣一分為二，讓國軍南北難以兼顧。一旦共軍決定兩棲攻台，勢必先以空中與飛彈戰力癱瘓台灣指揮管制系統，故保護關鍵基礎設施、戰力保存以及分散式指管，是台灣防衛韌性首要目標。

報告指出，守住港口、機場，成為台灣防衛作戰優先任務，甚至最後封港、破壞跑道不為敵用。潛艦部隊是中共海軍五大兵種之一，也是解放軍最主要的核心戰略性武裝力量之一。擁有核潛艦的國家意味其海軍具備相當的實力。目前全世界擁有核潛艦的有六個國家，即美、俄列為第一級領先地位；英、法列第二級；中共排第三級；印度第四級。

美國海軍情報指出，中國造船廠的產能超過二三二〇萬噸，比美國的不到十萬噸高出二三二倍之多。中國海軍規模全球第一，擁有逾三五五艘艦艇，到二〇二五年將增至四〇〇艘，到二〇三〇年達四四〇艘。相較之下，美國海軍只有二九六艘艦艇，但仍被公認是世界最強。美國防部發布《二〇二三年中國軍力報告》稱，中國核武庫的增長速度超乎預期，估計二〇二三年五月為止，人民解放軍已握有超過五〇〇枚可使用的核彈頭；到二〇三〇年可望擁有一千多枚，到了二〇三五年可擁有一千五百枚彈頭。中國海軍以數量來說仍是全球規模最大，船艦和潛艦已增至三七〇多艘。我國防部表示，中共軍事擴張已嚴重威脅台海及周邊區域安全，共機擾台次數由每月平均約兩百八十餘架次，增加到二〇二二年約三百八十餘架次，台海緊張情勢升高。共機擾台平均每月增加百餘架次。面對共軍升高台海緊張情勢，國軍積極運用各項情監偵手段，監控共軍動態，先期預置兵力，妥適應處。

美國國務卿布林肯（Antony Blinken）重申，全球每日有百分之五十五的貨物運行經台海，百分之七十的晶片產自台灣，一旦中方採取行動導致台海危機，就波及全球經濟危機。布林肯說，全世界一直告訴北京別製造緊張，各界都期待和平與穩定，全球都希望能維持現狀。針對北京，布林肯表示，中國大陸運用軍事、經濟和外交力量，意圖形塑不自由的全球秩序；他認為北京最終目標在於成為全球軍事、經濟和外交的主導力量，這正是中國大陸國家主席習近平所追求的。

美國五角大廈報告提到，中國幾十年來的軍事現代化，繼續「拉大了與台灣軍隊的能力差距」。如果與台灣發生曠日持久的戰爭，中國可能會試圖透過升級「網路空間、太空或核活動」來結束衝突。前國防部長邱國正表示，美國每年都會提出報告，對中共軍力大家都會很關注，也看到中國大陸成長，國軍目前除了加強監控和戰備。其他國家有什麼意見隨時都會交換，透過交流管道，對我們建軍備戰有助益。邱部長更堅定指出，台灣作戰靠我們自己，有任何國家對我們有幫助，我們樂見，但不期望和指望。

大陸國家主席習近平發表二〇二四年新年賀詞，涉台部分提及「祖國統一是歷史必然，兩岸同胞要攜手同心，共享民族復興的偉大榮光」。他指出：「今年是中共建政七十五周年，要堅定不移推進「中國式現代化」，完整、準確、全面貫徹新發展理念，加快構建新發展格局，推動高質量發展，統籌好發展和安全。要堅持穩中求進、以進促穩、先立後破，鞏固和增強經濟回升向好態勢，實現經濟行穩致遠。此外，要繼續支持香港、澳門發揮自身優勢，更好融入發展大局中保持繁榮穩定。中國人民深知和平的珍貴，願同國際社會一道，以人類前途為懷、以人民福祉為念，推動構建人類命運共同體，建設更加美好的世界。」

儘管習近平重申要推動兩岸關係和平發展，但解放軍對台應戰備戰的動作絲毫未停歇。我國防部公布解放軍的陸軍遠程火箭砲部隊、火箭軍戰術導彈部隊、兩棲部隊等參加攻台演練。軍事專家解析，三大部隊的演練很明確，遠火部隊先飽和攻擊台灣各政軍要地；火箭軍導彈精確打擊我海空軍與情報資通基地；接著是〇七五型兩棲部隊的台灣登陸戰。大陸對台一向採取兩手策略，一方面，極限施壓台獨，透過軍事演習警告美台；另一方面，溫情喊話、擴大對台優惠，加強台胞對大陸的認同感。

二〇一〇年簽署《兩岸經濟合作架構協議》（ECFA），對台灣而言，大陸是最大出口市場、最大進口來源地、最大貿易順差來源地和最大對外投資地，對台灣融入全球產業鏈具有重要意義。台灣出口總值，中國佔比可達百分之四十以上，順差則可逾一千五百億美元，中共只要在此下手，並從停斷 **ECFA** 開始，即可重創台灣。在兩岸關係不佳下，大陸對台灣經貿政策也轉為強硬，對台灣經貿限制措施增加，特別是大陸以台灣長期禁止逾二五〇〇項大陸產品進口，形成貿易壁壘為理由，取消「架構協議」早收產品中十二項石化產品的關稅優惠。這其中擺脫不了政治操作，甚至還有經濟脅迫動機；但也反映出大陸順應國內產業需求，不願再對台灣「讓利」，未來可能還會取消更多早收項目關稅減免，以及其他惠台措施，兩岸經貿不確定性再度升高。

瑞典智庫斯德哥爾摩國際和平研究所（SIPRI）公佈《全球各國軍事支出報告》顯示，各國軍事支出總額創下二點四兆美元（約新台幣七十九兆元）的空前新高。其中，我國的軍事支出較前一年增加百分之十一，達一六六億元（約新台幣五四五〇億元），在全球排名二十一。至於中國大陸二〇二三年為二九六〇億美元（約新台幣九點七兆元），增幅達百分之六，其軍費占整個亞洲與大洋洲的近半數總額。數十年來兩岸是以「政治作戰」為主軸，強調的是制度優劣的比較、民主自由的涵養及文化底蘊的厚實等，並非如美蘇「冷戰」式的軍事對抗，若一味軍備競賽，最後將拖垮台灣財政。

第四節　台美深化交流

美國國務院於二〇二三年八月三十日通報國會，表示拜登當局首度根據「對外軍事融資」（ＦＭＦ）計畫，批准一筆價值約八千萬美元（約新台幣二十五．五億元）的對台軍援，用於強化台灣防衛能力。美國國務院表示，這筆軍援將「被用於聯合與協同防衛能力、提升海域感知及海洋安全能力，以強化台灣自我防衛能力」。提供ＦＭＦ符合《台灣關係法》以及美國長期的一中政策，這項政策並無改變。台海和平穩定符合美國長久利益，對區域與全球安全與繁榮至關重要。對台軍援涵蓋項目包括防空與海岸防衛系統、無人機、彈道飛彈、網路防禦及先進通訊設備。防護用具、小中重型武器系統、彈藥、裝甲與步兵戰車等。美眾議院外委會主席麥考爾聲明稱，樂見拜登行政當局終於對台提供ＦＭＦ，進一步落實跨黨派的《台灣增強韌性法案》（TERA）。TERA 被納入二〇二三年《國防授權法》，授權未來五年，每年提供台灣二十億美元無償軍援。美國政府編列的二〇二五財年國防預算達八九五二億美元，其中包含透過「總統撥款權」（ＰＤＡ），提供台灣價值五億美元軍援。

對於美方提供約八千萬美元軍事融資，國防部表示，美方基於「台灣關係法」與「六項保證」，協助我強化防衛作戰能力，有助區域和平穩定；外交部也回應，感謝美國持續落實對台灣的安全承諾。不過，大陸國防部新聞局局長吳謙表達中方一貫堅決反對立場，強調「台灣安全靠的是一個中國原則下兩岸同胞的共同努力，而絕不是依仗美國援台售台武器。」解放軍將一如既往，採取一切必要措施予以堅決反制。此外，我對美軍購二〇二四年起，進入密集接裝期，從二〇二三年八月起所有軍購案由原軍備局調整為戰規司負責；而國防自主建案則維持由軍備局督管，以統一對外軍購事權。針對無法如期交運的武器裝備，則將透過外交等「多元軍購籌獲途徑」，建議美方主動洽詢其他供應商或盟邦，出售同類型裝備給我國。我向美購入重要軍備交付時間表：

項　目	交付時間	批次、數量
一、M1A2T 主力戰車	二〇二四年	首批三十八輛
二、海馬士多管火箭系統	二〇二四——二〇二五年	首批十一套
三、F-16BLK70 戰機	二〇二四年	首批兩架
四、岸置型魚叉飛彈系統	二〇二四年	部分相關設備
五、MQ-9B 無人機	二〇二五年	四架（分兩批）

前白宮國安顧問歐布萊恩（Robert O'Brien）指出，美國須盡快協助台灣強化軍備，包含加速國艦國造。他並強調協助台灣民防的重要性，美國應該提供ＡＫ－四七步槍與小型武器，稱「最後一刻才發放武器給未經訓練的人民，不可能有效。」他強調，需要

協助台灣打造「豪豬」（porcupine）防禦，讓大陸知道侵台的難度與風險。美國也「需要確保台灣擁有足夠武器，例如F－十六戰機，而台灣正在發展國艦國造計畫，我們也要幫助他們加快速度。（歐布萊恩二〇一九到二〇二一年曾擔任川普總統的國安顧問）。」

美國拜登政府希望增強台灣的軍事能力，以因應在大陸的軍事壓力下協防台灣。為防止北京當局武統台灣，拜登政府進一步擴大支援，加強台灣軍隊的國防能力。國軍於二〇二三年八月五日至十九日，參加由密西根州國民兵主導的「北方打擊演習」，通常包括空中和地面二個訓練階段，約有七千名士兵參加，其中包括來自美國二十六個州和外國軍隊的士兵，但台灣軍隊參與的人數和其他細節保密中。美國防部表示，演習目的在於訓練和準備戰備，以增強盟軍的互操作性。日本《產經新聞》稱，美方也在台灣和其他國家提供訓練支援，但與國軍迄今為止與美方進行的訓練相比，這次訓練規模似乎有所增加，台美兩軍深化交流，並提高互操作性。據報，美國此次試圖通過使用國民兵進行演習，而不是美國聯邦軍，也就是所謂的美軍，來減少對北京的刺激。美國《ABC》附屬機構《Up North Live》之前也對演習有所報導，稱「北方打擊演習涵蓋戰爭的所有領域，以確保軍事準備的各個面向得到了練習和完善」。報導還稱，密西根州北部的地形和氣候，與中國和俄羅斯部分地區相似。

俄烏戰爭前，美軍秘密訓練烏克蘭部隊，現在這套作法也複製到國軍部隊。陸軍首度派聯兵旅官兵赴美受訓，項目包括了解美軍作戰方法與參謀作業、種子教官訓練等，國防部長邱國正曾在立法院證實此事。他說，現在聯兵營是基本戰術單位，雙邊交流可了解作戰方法、參謀作業和用兵思維，相互觀摩。國軍以往赴美訓練，以班、排的小部隊為主，且主要為陸軍特戰部隊與海軍陸戰隊，其中特戰六人小組的訓練模式，是由具備前管、前觀、爆破、狙擊、救護、通訊等不同專長的士官兵組成，並在交互掩護下完成任務。

英國《ＢＢＣ》報導，台灣建軍長期以發展海軍和空軍軍力為優先，相對忽視了陸軍，但在美國壓力下，台北正轉向「堡壘台灣」戰略（Fortress Taiwan），重點轉為地面部隊、步兵和砲兵，以擊退在海灘登陸的共軍，必要時與共軍在城鎮、叢林作戰，美國認為這項戰略將使大陸更難吞下台灣。《ＢＢＣ》指出，台灣的脆弱性迫使美國採取行動，這就是為什麼台灣地面部隊被派遣到美國接受訓練，而美國教官也到台北，為台灣海軍陸戰隊和特種部隊授課。其中訓練包括使用小型的軍用無人機（UAV）「黑色大黃蜂（Black Hornet Nano）」。

美國中情局長伯恩斯於二〇二三年五月稱，台灣半導體生產若因中國攻台停擺，預估全球經濟將有好幾年遭受每年從六千億美元至一兆美元（約台幣十九點五兆到三十二點五兆元）損失。白宮國安顧問蘇利文同年九月二十九日在華府的智庫活動中強調，若中國大陸侵台，恐產生引發全球恐慌程度的影響。為使北

《台灣關係法》小檔案

卡特簽署日
1979年4月10日
生效日
1979年1月1日
對台保障重點
●台灣安全 ●台灣在美國國內法的地位 ●台灣駐美機構與人員的權益

美國與兩岸往來的基礎

台灣	●1979年《台灣關係法》 ●1982年雷根政府提出「六項保證」： 未同意設定終止對台軍售日期 未同意就對台軍售議題向北京徵詢意見 不在台北與北京之間擔任斡旋角色 未同意修訂《台灣關係法》 未改變關於台灣主權的立場 不會對台施壓，要求兩岸進行談判
大陸	●1972年上海公報 ●1979年中美建交公報 ●1982年八一七公報

京打消侵台念頭，需同時加強對中嚇阻力，以及維持與中方對話。台海等印太地區若爆發衝突，將對全球經濟造成毀滅性影響，多達數千萬人將直接面臨軍事威脅。

我國比照烏克蘭部隊接受美軍訓練模式，派遣聯兵營數百人兵力，分別是美國密西根州、夏威夷州參加軍演，因強化協訓功能，根據五角大廈公開數據，二〇二三年美國派駐台軍事人員共有四十一人，協助國軍訓練部隊。台美兩軍互動規模大幅提升之際，但兩國沒有邦交，衍生的問題，並非僅軍事合作交流演訓經費如何分攤的問題，而有形複雜的兩國法令適用問題。台美之間軍事交流日益密切，層級與規模都大幅提升，兩軍互駐台美本土，凸顯出來的不只是「經費」分攤問題而已，未雨綢繆述及兩國「法制」與司法管轄權適用層級的實際問題，我方有必要預先與美討論解決。據了解，國防部已在駐美軍事代表團派置有中校和上校法制官，與美方磋商，研究在平等互惠原則下的可行之道，讓雙方軍事合作可長可久。

美國國會研究處（CRS）於二〇二四年四月發布「國會的台灣防務議題」報告，內容涵蓋台灣的安全情勢、美國對台灣的國防支持、美國的策略與政策、美台防務合作、武器移讓、對話、訓練、美軍在台灣的存在、其他領域的安全合作，以及台灣的政權交替等。

第五節　美中戰略競爭

二〇二三年九月十九日白宮國家安全顧問蘇利文與大陸外長王毅在南歐馬爾他（位於南歐的共和制微型國家，首都瓦勒他。馬爾他共和國位於地中海中心的島國，由馬爾他島、哥佐島、科米諾島等島嶼組成。素有「地中海心臟」之稱，譽為「歐洲後花園」。）會面，涵蓋兩國關係重要議題，雙方在激烈中願溝通、對話、避戰。會後兩國分別發表聲明，形容雙方的溝通「坦承、實質性、建設性」。白宮特別強調，雙方承諾「維持戰略溝通管道，並在關鍵領域建立兩國高層溝通與諮詢管道」，所指應該就是拜習會。觀察美中關係必須注意長期、全面性的脈絡，不能執著，更不應過度解讀短期的戰術性動作，否則將導致誤解與誤判，無形中升高對立、衝突的風險。

美中戰略競爭本身就包含競爭、對抗與合作三層面，考慮全球地緣政治操作，局外人是霧裡看花，現在美中雙方國內政治又成為不可忽視的變數，使得兩大強權關係更為撲朔迷離。拜登政府首度提供台灣「軍援」與外國軍事融資，就是打「挺台抗中」牌，但數量上又自我設限，避免過度刺激、挑釁大陸，則是基於「和平共存、鬥而不破」兩大原則，在美中戰略競爭與國內政治壓力中間取得微妙平衡。兩人會談中討論最久的仍是台灣問題，王毅強調台灣問題是美中關係第一條不可逾越的紅線，美方必須落實不支持「台獨」的承諾，意在警告美國，大陸內部即使有不同見解，也無意對台用武，但打擊台獨絲毫不會放鬆，沒有任何妥協空間。

目前美中兩強在南海、台灣及其他問題上關係高度緊張，而美中兩軍交往處於中斷狀態，令國際社會對雙方可能擦槍走火感到憂心忡忡。中斷十六個月的美中軍事對話，於本（二〇二四）年元月初旬恢復，美國參謀總長聯席會議主席布朗與大陸軍委聯合參謀部參謀長劉振立，舉行視訊會議。大陸為反制美國前眾議院議長裴洛西訪問台灣，取消美中兩軍戰區領導通話、美中國防部工作會晤及美中海上軍事安全磋商機制，全面封殺美中兩軍對話管道。布劉會談的背景與時機具有意義，台灣問題是美中潛在軍事衝突的最大熱點，雙方都沒有退讓、妥協的意向。據報導，相關對話已規畫於今年舉行。中共前海軍司令員董軍獲任命接任國防部長，最高層軍事對話障礙已解除，不過，中方常在緊張時刻切斷溝通管道，美方則強調溝通管道對危機處理至關重要，兩軍對話仍有許多需要磨合之處。美國防部發布布朗與劉振立視訊會議概要指出，布朗討論了共同努力負責任地管控競爭、避免誤判以及維持直接溝通渠道暢通的重要性，重申舉行防務政策協調會談、海上軍事安全磋商機制會談及開通美軍印太司令部司令與中共東部戰區和南部戰區司令員之間溝通管道的必要性。大陸國防部發布的新聞稿對會議實質內容避而不談，強調發展健康、穩定與可持續的兩軍關係，關鍵是美方要有正確的對華認知，前題是美方應確實尊重中方的核心利益和重大關切，並在領土與主權問題上畫出底線，強調台灣問題純屬中國內政，不容任何外來干涉，中國軍隊將堅決捍衛國家主權和領土完整。美方應確實尊重中方在南海的領土主權和海洋權益，謹言慎行。

美中持續戰略競爭，哈佛大學教授奈伊（Joseph Nye）指出，美國對中策略是「競爭性的共存，合作性的對立」，當前雙邊關係如同戰前的歐洲，要避免衝突升溫。他認為若台灣沒有激烈的台獨意圖，沒有道理無法維持和平現狀。奈伊建議美國對中策略進行威懾，避免熱戰，並盡可能合作，調動資源進行競爭。美國戰略目標應是加強聯盟與國際機構，以影響中國的對外行為，同時強化美國國內經濟與技術優勢，保持開放性與民主價值觀、軟實力。對於台灣，美國則應維持現狀，繼續爭取時間。另一位哈佛大學教授艾利森（Graham Allison）也強調，在美中強權之間，小國能做的是不挑釁。美中競爭可能引發戰爭的情景，其一是中國的侵略性行動，但也可能是來自台灣或美國的挑釁行為，因此，當處於危急情況時，要保持警覺，不要意外引發衝突或肆意行動，導致

「非本意的紛爭」。芝加哥大學教授米爾斯海默（John Mearsheimer）示警，中國無法接受台灣宣布獨立，如果台灣偏執地想要宣布獨立，台海就可能走向衝突。台灣要避免台獨、避免激怒中國領導人，就能維持現在「不錯的現狀」；如果台灣偏執地想要宣布獨立，危險性就升高。拜登政府一再明確重申接受一中政策架構、不支持台獨，也強烈反對任何一方試圖脫離此架構，即使它有些模糊甚至矛盾，但在實務上可行，只要美、中、台都不要出現單方面的冒然行動，就沒有道理不繼續維持；美國應該保持目前有效的一中政策正常運作，不要動搖現況。

美國在台協會（ＡＩＴ）前台北辦事處長孫曉雅（Sandra Springer Oudkirk）接受新聞訪問，有二個重點，第一、劃出台美關係的界線，否定台美建交的可能性；第二、針對「疑美論」表態，強調在民主社會中，「質疑」是一件好事。她的表態，無論對台灣選舉、美中關係、甚至兩岸關係，都會產生積極性效應。孫曉雅為美國的「一個中國」政策強力辯護，認為美國長期以來根植於台灣關係法、美中三公報及六項保證的「一個中國」政策，儘管會「讓人不舒服」，卻讓台灣實現了數十年來的經濟成長，並成為世界一流的科技強權。美中關係發展不會脫離美中戰略競爭架構，向北京與台北表明美國的立場，不允許任何人攪局、破壞。美中關係進入解凍關鍵時刻，說明美中關係回穩不是空談，顯示北京的戰略定力、戰略自信已經提升，自信對美中關係擁有更大的話語權。相對的拜登政府最近對台灣問題的發言更趨審慎、保守。台灣民選總統即將屆滿三十年，證明「台獨」不是出路，兩岸從和平發展中摸著石頭過河最有利，人民要懂得務實的重要了！

美中關係日趨緊張之際，大陸國家主席習近平會見美國參議院多數黨領袖舒默一行，釋出趨緩的訊號。他強調中美兩國如何相處，決定人類前途與命運，競爭對抗不符合時代潮流，中美共同利益遠大於分歧，中美各自取得成功對彼此是機會而非挑戰，寬廣的地球完全容得下中美各自發展、共同繁榮。他並稱，中美兩國經濟深度融合，「你中有我，我中有你」，可從對方的發展中獲益。

新加坡前總理李顯龍對美中競爭惡化表示憂心，他認為亞洲發展潛力巨大、生機勃勃，中、印兩個經濟巨頭穩步發展，將持續帶動亞洲的繁榮，亞洲整體的國內生產總值可望超越世界其他地區的總和，但實現亞洲的發展潛能，需有一定的條件。亞洲的繁榮受惠於長期的區域穩定與世界和平，現在亞洲面臨重大的挑戰，首先就是地緣政治的風險加劇，尤其是美中對抗惡化，台海有可能成為美中衝突的引爆點。他認為美中雖然都不尋求衝突，但雙方歧見很深，都把對方視作競爭的對手，發生意外和誤判的風險始終存在。亞洲大多數國家都體認到，中國不但是搬不走的鄰居，更是亞洲經濟發展的龍頭，與中國決裂絕對是得不償失。而中國也試圖破解美國在亞洲的陣營化。李顯龍更是點出台灣問題的核心，就是一個中國的認知。台灣作為亞洲成員，對於區域穩定亦有責任，更何況牽涉台海安全，對他的觀察與呼籲要有更深一層的理解與體會。

美中關係全國委員會年度頒獎晚宴當地時間二〇二三年十月二十四日，在美國紐約舉行，與中共五代領導人都有交情的美國前國務卿季辛吉（Henry Kissinger），出席獲頒主辦方授予獎項並即席發言。他說美中之間的和平與發展符合兩國自身利益，也符合世界的利益。中國國家主席習近平也向頒獎晚宴致賀信。據美國之音報導，五十七年前為建立美中關係扮演過獨特角色的季辛吉說，「我堅信美中關係，並相信兩國擁有為世界帶來和平與進步的獨特能力。如果兩國不在一起，就可以毀滅世界」。他對美中關係提出了四大必須關注領域，他為美中兩位領導人可能會晤提出的「政策聲明」，分別是：美中基本關係、台灣問題、烏克蘭戰爭和高科技競爭。習近平指出，作為兩個世界大國，中美能否確立正確相處之道，攸關世界和平發展和人類前途命運。中方願本著相互尊重、和平共處、合作共贏三原則，同美方推進互利合作，妥善管控分歧，合力應對全球性挑戰，相互成就、共同繁榮，造福兩國，惠及世界。希望美中關係全國委員會和各界繼續關心支持中美關係，為推動兩國健康穩定發展發揮建設性作用。

雖然美中關係因貿易競爭和地緣政治的緣故，總是在緊張邊緣徘徊，但兩國元首的高層交往仍然持續。拜登承諾從「四不一無意」加碼為「五不四無意」，新增的表述為：不支持「兩個中國」、「一中一台」，無意同中國發生衝突，無意尋求同中國「脫鉤」、無意阻撓中國經濟發展、無意圍堵中國。

中國大陸外交部長王毅於二〇二四年元月五日在北京出席紀念中美建交四十五週年招待會並發表談話：作為世界上最重要和最複雜的一組關係，如何讓中美這艘巨輪校準前行方向，是必須思考的重大命題；中國無意取代誰、凌駕誰，更無意謀求霸權，希望美方放鬆心態，尊重中國的發展道路與核心利益，尊重中國捍衛國家的主權和領土完整。四十五年前，中美兩國老一輩領導人以卓越戰略眼光和非凡政治勇氣，確定「一個中國原則」，讓兩個長期隔絕大國開始了全面交往。四十五年來，中美關係克服困難、排除干擾、砥礪前行，合作領域之廣，利益交融之深，幅射影響之大，達到前所未有程度。就中美關係，他舉出三項啟示：一、和平是中美關係最根本的基石；中美兩個大國不衝突、不對抗，這本身就是人類最重要的和平紅利。二、合作是中美相處最正確的選擇；在當前情勢下，中美合作的必要性不是減弱了，而是更強了。中美合作對兩國乃至

美國對大陸四不一無意變化

	三不一無意	四不一無意	五不四無意
內容	• 不尋求改變中國體制 • 不尋求強化同盟關係反對中國 • 不支持台獨 • 無意與中國發生衝突	• 不尋求與中國打新冷戰 • 不尋求改變中國體制 • 不尋求強化同盟關係反對中國 • 不支持台灣獨立 • 無意與中國發生衝突	• 不尋求改變中國體制 • 不尋求新冷戰 • 不尋求強化同盟關係反對中國 • 不支持台灣獨立 • 不支持兩個中國、一中一台 • 無意與中國發生衝突 • 無意尋求與中國脫鉤 • 無意阻撓中國經濟發展 • 無意圍堵中國
場合	2021.11.16 拜習視訊會晤	2022.3.18 拜習視訊會晤 2023.6.19 布林肯見習近平	2022.11.14 拜習峇里島會晤

世界來說，不是可有可無的選答題，而是必須認真解決的必答題。

三、共贏是中美交往最本質的特徵。中美近七六〇〇億美元的雙邊貿易和二六〇〇多億美元的雙向投資，深刻反映兩國經濟結構高度互補，在全球產供鏈上的深度聯接，在共同發展上的利益與共。人為搞脫鉤封堵，必然得不償失，反噬自身。

第六節 阿雷巴洛總統主張「友台不反中」

中美洲國家瓜地馬拉於二〇二四年元月十四日舉行總統當選人阿雷巴洛（Bernardo Arévalo）、副總統當選人艾蕾拉（Karin Herrera）的就職典禮，由於他所屬的種子黨（Semilla）被控詐欺而遭停權，反對派把持的國會在最後關頭就種子黨二十三名議員的身分進行數小時辯論，讓就職典禮延宕了九個多小時。阿雷巴洛的上任遭到長達數月的司法陰謀阻止，曠日廢時的辯論增加了緊張的對立情勢。觀察人士認為，這是腐敗精英企圖保住權力的最後一搏。他表示，他在打擊貪腐面臨了「重大挑戰」，貪腐讓瓜地馬拉的民主面臨風險。瓜地馬拉是拉丁美洲貧窮與貪腐問題最嚴重的國家之一。他在就職後的首次講話中表示：「我們不會讓政府機構因貪腐和有罪不罰而偏離正軌。」他崛起的種子黨在一六〇個席次的國會中僅占二十三席，必須與保守派議員達成協議。保守派議員花了數月時間與右翼檢察官合作，試圖阻止阿雷巴洛掌權。

瓜國總統、副總統任期四年，不得連任。六十五歲的阿雷巴洛是社會學家出身，曾為中左翼國會議員，打著反貪腐旗幟，他的父親是瓜國第一位民選總統阿雷瓦洛・貝爾梅霍（一九四五年三月十五日——一九五一年三月十五日，革命行動黨）。美國之音報導，阿雷巴洛當選，為飽受腐敗和威權統治的人民帶來新希望，但也令人擔心他領導的政府會放棄台北，轉向承認北京。阿雷巴洛表示，無意改變台瓜邦交，但維繫與台灣邦交及發展與中國的經貿關係並不衝突。瓜地馬拉應強化及拓展與中國這類國家的貿易關係，將尋求在互相尊重框架下，與中華人民共和國和台灣維持良好政治關係。他曾於去（二〇二三）年七月訪台受訪時強調，「我們已經清楚表明，沒有興趣改變兩國邦交，維繫與台灣的邦交，同時尋求與中國的經貿關係，兩者可完全兼容。」

外交部表示，阿雷巴洛一九九四年擔任瓜國外交部次長任內曾應邀訪台，對於台瓜兩國友好邦誼具深刻認識，在大選期間也在公私場合多次表達支持與我國維持邦誼的立場。我國將與瓜國新政府在既有的良好基礎上攜手合作，深化各項交流，增進雙方人民福祉。大陸外交部發言人汪文斌則稱，瓜地馬拉各界人士紛紛表達期待同中國建交的迫切願望，充分說明發展對華關係符合其根本利益和人民心聲，「我們希望瓜地馬拉新政府做出符合本國和人民根本及長遠利益的正確決斷。」

香港亞洲時報和英國金融時報報導，台灣自一九五二年至二〇一九年，在瓜地馬拉共計投資二二八七萬美元（約台幣七點四億元），而大陸出手闊綽，近年來與大陸建交的薩爾瓦多等中美洲國家，短短幾年從中方獲得的基礎設施計畫與投資，就已經遠遠超過台灣六十七年來投入瓜地馬拉的金額。若從經濟利益衡量，大陸對中美洲國家極有吸引力。二〇一七年和北京建交的巴拿馬截至二〇二三年三月，其連接太平洋與大西洋的巴拿馬運河，獲得來自大陸的數十億美元鉅額相關投資。而二〇一八年和北京建交的薩爾瓦多，二〇二一年亦從中國拿到五億美元（約台幣一六〇億元）的觀光旅遊公共建設計畫。

瓜地馬拉若加入大陸「一帶一路」倡議，可能會為其帶來重大投資。反觀台灣近幾次在瓜國的投資則已引發爭議。美聯社曾披露，瓜國政府以一年九十萬美元（約台幣二九〇〇萬元）代價，請法律事務所「巴拉德合夥公司」在美國遊說美方官員，台灣罕見的幫瓜國政府埋單。台灣在該地區的邦交國有的貧困、有的飽受貪腐所困。對台灣而言，與瓜國及貝里斯兩個邦交國貿易微不足道，台瓜和台貝關係皆以台灣提供這兩國的發展援助為主，例如外交部國合會就提供瓜國一項三九〇萬美元（約台幣一點二六億元）的新冠肺炎疫情後復甦與婦女就業計畫。

中美洲曾經長年是我國外交重鎮，也是邦交國最密集的地區，但隨著中國在國際政治、經濟、軍事、科技等各方面都成為舉世超強之一，台灣的經貿籌碼逐漸流失優勢，中美洲的邦交國一個接一個被挖走。外交惡化源自兩岸關係弱化，唯有兩岸緩和，大陸願意鬆手，台灣外交才有比較多的空間。若兩岸緊張，台灣就會愈來愈窒息。當其他國家必須在兩岸之間選邊時，中國大陸擁有台灣完全無法匹敵的優勢，因此台灣往往成了被拋棄的一方。美國自川普到現任拜登總統都刻意打壓中國，但反而激起中國自創一片天的鬥志，「一帶一路」、「金磚」、「上海合作組織」等機制，以及在中東促成沙烏地阿拉伯和伊朗的復交，都顯現中國已漸成非美系國家的領袖，更有籌碼和美國抗衡。

如果我國政府繼續「仇中反中」路線，外交之路只會愈走愈窄，終至寸步難行，讓兩岸關係和解無門，敵意不斷激化，勢必會遭遇大陸的報復。至於台瓜邦誼短時間可能不會立即有所變化，只要中國的經濟持續低迷、內需市場不振，以及台灣收斂不刺激對岸，瓜國沒有理由加速靠向北京。台灣對邦交國的作為，雖能在邦交國民間產生一些良善循環，但比起部分國家寄望從北京得到的經濟甜頭，則相形見絀，這些邦交國想要的就是更多貿易及投資，而非援助。

外交部長吳釗燮於本（二〇二四）年元月十二日至十七日率團前往瓜地馬拉，以總統特使身分，祝賀阿雷巴洛和副總統當選人艾蕾拉上任。除與新任總統和外長就共同關切問題及未來合作方向交換意見，也與瓜國卸任總統賈麥岱會晤，感謝其過去四年不遺餘力支持台灣，使台瓜邦誼達致巔峰。阿雷巴洛會見了吳部長和駐瓜大使曹立傑，共同討論「擴大兩國貿易關係的機會及增加瓜國產品在台出口的可能性」。

・**吳釗燮**（一九五四年十月三十一日——）政治人物、學者和資深外交官，彰化縣大城鄉人，現任國家安全會議秘書長，曾任外交部部長、總統府秘書長、行政院大陸委員會主任委員、駐美代表。一九七八年畢業於政治大學政治學系，一九八二年取得密蘇里大學政治學碩士，一九八九年取得俄亥俄州立大學政治學博士。他是首任非國民黨籍的駐美代表，亦為中華民國外交史上任內斷交國家數第二多的外交部部長（僅次於沈昌煥）。目前為止，他任內斷交八個國家（截至二〇二四年二月底止），創下最低點。

・**曹立傑**——畢業於淡江大學西班牙文系、歐洲研究所。曾任駐阿根廷代表、駐尼加拉瓜大使館一等秘書、外交部禮賓司交際科科長、駐哥斯大黎加大使館參事、外交部禮賓司副司長、駐美國邁阿密辦事處處長、駐聖克里斯多福及尼維斯大使、外交部拉丁美洲及加勒比海司司長、駐巴拿馬大使、駐秘魯代表、外交部常務次長等職。

第七章 結 語

新加坡是彈丸小國，但它在國際舞台上東西折衝、左右逢源，小國的智慧是懂得在兩大國左右對峙的直線中保持等距，又深諳在兩大國的斜線對角中掌握三角的平衡。對立、仇恨是強權的遊戲，小國不能成為他們玩弄的棋子。全球在美中兩強對抗之中，除了東南亞、中東、中南美洲、非洲，近年也量變和質變，台灣也應發揮三角均衡的槓桿作用，我們不能老把雞蛋擺在一個籃子裡。當今國際政經環境複雜多變，美中兩強在軍事、科技和貿易的對抗，在地緣政治推波助瀾下，愈來愈傾向相同立場的陣營化。「維持現狀」不是靜態的僵化，而是動態的系統推移。我們面對近鄰又是世界第三大軍事和第二大經濟體的中國大陸，如何發揮以小事大的智慧，在台灣、美國、中國三邊關係中，我們要找到穩定的平衡點。孟子：「惟仁者為能以大事小，惟智者為能以小事大。」大國對待小國，應該以德行而不是以力服人；小國對待大國，不與大國對抗，始能保護百姓與國家的安全樂利。小國如何應對大國，孟子說，用「智」，什麼是智？符合現狀，要面對現實處境，不逞匹夫之勇，實為智取，這就是天下太平、相安無事的理想境界。中國可以不仁，但台灣不能不智。希望大國能以仁道、小國以智慧來對待彼此，這樣大者可保天下、小者可保國家。

面對兩岸問題，國家領導人應以庶民生計為首要，不能逞一時衝動或口舌之爭，這樣小國永遠立於不利之地；兩害利相權，取輕取重；若小國強以雞蛋碰石頭，雞蛋破碎，石頭仍佇立不搖。小國以小事大，是智者的表現，並不因而有失尊嚴，喪失國格；反會贏得國人的讚賞，大國或許也會有羞愧之感。若小國意氣用事，沒得到面子，傷的是執政權貴的裡子，受害的是國人的民生經濟。不與對岸溝通、不協調、也不交流，對抗到底，兩岸積怨愈深，受害受苦的永遠是百姓。不能解決兩岸問題，不會逢凶化吉，不能大事化小，小事化無的領導者，應記取「以大事小、以小事大」的哲理，以開大門展抱負，重啟兩岸和平之契機，則國家才能「轉危安穩」，人民「重享安樂」！

這是一個實力掛帥的時代，有實力就可以改變現況。美國可以重組半導體秩序、俄國可以力抗全世界制裁、日本可以排核汙水、中國可以擺脫美國科技枷鎖、以色列可以不理會聯合國決議停火。台灣雖然在半導體實力領先，但我們有任性的條件嗎？台灣需要和平，和平要努力維繫，台灣不應挑釁大陸，除了和談，我們也要備戰。台灣和大陸軍事對決，幾乎沒有獲勝可能。台灣有何保衛疆土戰略？只能投入美國懷抱，加入西方「民主抗中」陣營，但只有被利用價值而已。

國家主權、國際組織聲援、地緣政治與戰略安全、投資保護、經貿互補、簽證困難等斷交後所面臨的種種問題，皆說明穩固邦交國之重要性，且非短視者所認為之斷交無損我國權益。愈多願意承認我國主權的友邦且友善互動，對我國愈是安全；若邦交國全斷光，台灣將成國際孤兒，一如現在國際上很多不被承認的「國家」處境極度艱困無助。如何應對更加洶湧的外交情勢、調整外交策略並保護我國權益，實為新政府應該深思的嚴肅課題。

過去五十年台灣創造了世界奇蹟，但今天台灣已無法再「不統、不獨、不武」，被「不能維持現狀」取而代之，我們要如何存活？未來台海和平，不在美國和中國手裡，決策權在國人自己，這是我們該覺醒的時刻！

五月二十日賴總統就職，號稱「堅若磐石」的友邦瓜地馬拉，其總統阿雷巴洛並未親自率團前來慶賀，僅指派外長馬丁涅茲代表參加，這是一項警訊，已露出不祥端倪，新政府宜妥加因應。